AMOUR ET PATRIE

L. R. JOSSET (Léo Tess)

AMOUR ET PATRIE
JOURNAL D'UN SOLDAT

ÉPISODES DU SIÈGE DE BELFORT 1870-1871

Grégoire, sculpteur.   Susse Frères, éditeurs.

PRÉFACE DE JOSEPH PUECH, Homme de Lettres.

PRIX : 2 FR. 50

HENRI RICHARD, Éditeur-Imprimeur, 3, Rue Milton, PARIS

1899

Droits réservés, reproduction interdite.

A L.-R.-JOSSET (Léo Tess),
Défenseur de ma ville natale : BELFORT.

Respectueux hommage de
JUL. GROSJEAN, statuaire, 1, rue Leclerc, Paris

PRÉFACE

PAR

Joseph PUECH, Homme de Lettres

PRÉFACE

I

Le 20 Octobre 1895, la Société Nationale de Sauvetage, dans sa Séance extraordinaire ouverte dans la Salle des Fêtes du Palais du Trocadéro, décernait publiquement à M. L.-R. Josset son grand diplôme d'honneur.

Quelques jours après, le bulletin officiel et spécial de cette Société, en parlant de notre ami, disait :

« Parisien, enfant de nos faubourgs, L.-R. Josset
« a été, est resté l'homme du dévouement et du sacri-
« fice.

« Engagé volontaire en 1870, il assiste au Siège de
« Belfort sous les ordres du colonel Denfert, prend part
« à onze sorties, reçoit trois blessures, et est laissé pour
« mort sur le champ de bataille dans la nuit du
« 7 au 8 Janvier 1871.

« A peine rétabli, il vient à Paris et s'engage dans le
« corps des sapeurs-pompiers pour combattre l'incendie
« pendant la semaine sanglante. Il est porté à l'ordre du
« jour pour sa belle conduite au feu qui allait dévorer la
« Sainte-Chapelle.

« Voilà le soldat.

« Sauveteur, il a à son actif des actes de courage sans
« nombre. Entre autres, à Mons — Belgique — où
« il arrache aux flammes une artiste et deux enfants.
« A Saint-Quentin, où il va chercher sous la glace
« un enfant qui venait de disparaître. A Rethel, où
« il emporte sur ses épaules deux vieillards voués à une
« mort certaine. A Dunkerque, où il sauve un enfant de
« deux ans. A Boulogne-sur-Mer, où, au péril de sa vie,
« il évite une explosion de gaz. A Cette, où il se multi-
« plie en toutes circonstances.

« De plus, Josset est poète, orateur, peintre, artiste
« dramatique ; aucune existence n'a été, nous ne disons
« pas mieux, mais aussi bien remplie.

« Les ovations n'ont pas manqué au vaillant soldat,
« à l'intrépide sauveteur. C'est la croix d'honneur que
« nous demandons pour lui. En attendant, la Société lui
« décerne son grand diplôme d'honneur. »

C'est ainsi que s'exprimait cette estimable feuille à la date précitée.

Ne croirait-on pas, en lisant ces lignes, que l'homme qui en est l'inspirateur est un sujet de légende, de ceux qui, peu soucieux de leur propre vie, se dévouent à celle de leurs semblables ?

Et, sans doute, les Curtius qui sauvaient leur Patrie en s'engloutissant tout armés en deçà des gradins du forum, de même que les Cincinnatus, de semblable mémoire qui, la tourmente passée, se consacraient à leurs champs après avoir été les héros de cent batailles, ont fait leur temps, mais ces exemples nous restent ; et ces exemples ne semblent-ils pas inspirer certains citoyens qui, oubliant les fêtes auxquelles ils sont conviés, les distrac, tions qui leur sont offertes, préfèrent demeurer virils, vivre en philanthropes et finir en héros ?

Josset, par ses actions mémorables, ne semble-t-il pas

évoquer le souvenir du passé, cette valeur qui était vertueuse, cette vertu qui poliçait les Etats après en avoir consolidé les lois et assoupli les mœurs ?

Certes, que les Sabins fussent vainqueurs ou que les Romains se prosternassent sur le passage du char du triomphateur, que tout alors fût sujet de fête et que cette fête dégénérât en lupercales, le peuple n'en admirait pas moins les héros obscurs, ceux qui, fiers du Devoir rempli, regagnaient modestement et glorieusement leurs lares, après avoir consolé, aimé, sauvé, protégé, défendu les opprimés et les faibles, sans, pour cela, avoir omis d'endoctriner et de rappeler au devoir les puissants qui, souvent, descendaient de leur trône pour se faire les bourreaux de leur peuple...

Allez-vous croire, par les lignes qui précèdent, que Josset, s'inspirant des exemples précités, a agi de la même façon que ceux auxquels nous venons de faire allusion ?

Oui, peut-être : et il a, pour cela, droit à notre admiration et à nos sympathies...

II

En 1895, M. Joseph Berger, un poète doublé d'un écrivain militaire de talent, faisait paraître un opuscule du plus grand intérêt, pour lequel M. Fleury Ravarin, député du Rhône, écrivit une intéressante préface.

Et, entr'autres lignes intéressantes, relatant les faits principaux et héroïques du siège de Belfort, (1870-71), savez-vous ce que disait l'écrivain Berger, un témoin et un lutteur du siège susnommé, au sujet de son frère d'armes, L.-R. Josset ?

Lisez plutôt, lecteur, et dites-nous si Josset n'a pas droit au titre de brave :

« Pour ceux-là mêmes qui approchaient le plus le
« stoïque et regretté colonel Denfert-Rochereau, le com-
« mandant supérieur de Belfort ne put obtenir une ré-
« compense noblement méritée après les fastes d'une
« bataille.

« Et lequel des anciens soldats de la garnison de Bel-
« fort ne se souvient du fourrier-d'ordre de Denfert,
« de L.-R. Josset, celui que toute la garnison avait
« surnommé *Tige*, parce que, à force de courir de
« Belfort à Roppe, de Bellevue à Andelnans, de Chèvre-
« mont au Salbert ou à l'Arsot, il ne restait plus, quel-
« ques semaines après le commencement du siège, de
« ses magnifiques bottes à l'écuyère, que les tiges seules,
« qui lui servaient de guêtres. Les *moblots* étaient jeunes,
« alors, ils riaient et plaisantaient de tout, devant la
« mort glorieuse, sous la pluie des balles ennemies et
« les miaulements des éclats d'obus.

« Eh ! bien, Josset, porté à l'ordre du jour pour sa
« conduite à l'affaire de Bavilliers, tombé le 8 janvier
« 1871, lors du combat de Danjoutin et considéré comme
« mortellement blessé, mutilé pour le reste de ses jours,
« souffrant actuellement encore de ses blessures, malgré
« Denfert qui l'avait proposé pour la décoration, malgré
« M. Parisot, le maire de Belfort, qui intercéda pour lui,
« Josset n'obtint ni décoration, ni secours ; il fut et resta
« toujours, comme tous ses anciens frères d'armes de
« Belfort, UN OUBLIÉ !... »

Et combien d'autres encore ont parlé de notre ami Josset de cette façon.

Si, parmi les noms des biographes du porte-drapeau actuel de la *Société Nationale des Vétérans des Armées de Terre et de Mer, 1870-71*, nous n'avons retenu que celui de M. J. Berger, c'est que le nom de ce vaillant prévalait sur tous, en sa qualité d'ancien défenseur de la cité héroïque que firent respecter, par les Allemands, Denfert et ses petits soldats.

On le voit, l'ex-fourrier d'ordre à Belfort du gouverneur de la Place, aujourd'hui conférencier, délégué et porte-drapeau des *Vétérans*, mérite bien la considération de ses concitoyens, tant au point de vue militaire que civique.

Qui ne se souvient des 6.000 spectateurs qui, le dimanche 4 Juillet 1897, se pressaient dans la salle du Gymnase municipal Huygens à l'effet d'assister à la belle fête des Vétérans en vue de la remise des Drapeaux par l'éminent général de division Jeanningros ; qui ne se souvient de cette phase magnifique où, sous les accents de la *Marseillaise*, M. le Ministre du Commerce remettait publiquement, au nom des Vétérans, une glorieuse récompense à notre ami Josset qui remercia en un vibrant discours ?

Et après tant de dévouement, d'énergie, de vaillance ; après tant de glorieux efforts, de marques de sympathies de tous ceux qui le connaissent et l'ont connu, Josset resterait sans récompense de la part du gouvernement qu'il a défendu, qu'il a aimé, qu'il défendrait et qu'il aime parce qu'il est la France ?

Non, cela ne sera pas, et bientôt, espérons-le, nos gouvernants sauront se souvenir.

Maintenant, analysons son remarquable livre : *Amour et Patrie*.

III

Comme les nouvelles qui suivent ont été pensées sur le champ de bataille ;

Comme elles ont été écrites sous les murs de Belfort, alors que crépitait la fusillade et que le labarum aux trois couleurs de notre Patrie déployait ses plis sous l'impulsion du vent du canon ;

Comme il est question de héros morts que les vivants admirent ;

Comme les pleurs se répandent par le deuil épandu et les cadavres de nos enfants ;

Comme il y a peu de sourires et beaucoup de plaintes, de stoïcisme pour la revendication du droit et de l'action pour la défense de notre sol ;

Comme c'est un ancien soldat qui a écrit et un jeune écrivain qui cause ;

Comme le *premier* s'est inspiré des chantres des douloureuses épopées et des sublimités qui firent notre Patrie, le *second*, comme exorde, avant de tracer de nouvelles lignes pour soutenir ce qui anime le cœur, ressuscite la foi, maintient l'espérance, fait songer à la revanche et par la Revanche à la Conquête ; le second, ai-je dit, avant tout cela, s'inspirant des sentiments de son aîné, croit utile, avant tout, de saluer le Drapeau sur le passage duquel se découvrent les fronts français :

I

Les Nations fières de leur puissance
Avec orgueil chantent leur étendard.
C'est sous ses plis flottant de toute part

Que l'esprit naît, que s'enflamme un regard,
Que les Etats placent leur confiance.

* *

Pour le Drapeau le cœur est plein d'ivresses.
Pour le Drapeau ce cœur saurait mourir,
Car c'est pour lui qu'on tente des prouesses
Et qu'un soldat sait tomber en martyr.

II

Oh ! plis sacrés ! étoffe tricolore !
Oh ! Labarum de France, mon Pays,
Je t'aime, toi, car t'aiment mes amis
Trouvant l'ardeur à l'ombre de tes plis...
Salut, Drapeau ! Qu'on le salue encore...

* *

Tu feras vaincre et tu seras l'emblème
De nos vertus, toi qui n'es pas né d'hier !
Tambours, battez ! Clairons sonnez de même,
Et toi, Français, de ton Drapeau sois fier.

III

Ondule encore. Impose tes maximes.
Dis-nous : Marchez à la gloire, Drapeau !
Fais que nos fronts se redressent bien haut
A l'heure... O toi, je te dis à nouveau :
— Prends tous nos cœurs et rends nos fils sublimes.

* *

Dis, parle-leur d'Iéna, d'Ulm, d'Egypte.
Oh ! parle-leur des Vercingétorix,
Des grands vainqueurs reposant sous leur crypte,
Des grands vaincus que vengeront nos fils...

IV

Français, debout ! c'est le Drapeau qui passe !
Mères, enfants, voyez ses trois couleurs.
Non, il ne fut sous ses plis point de pleurs !
Rappelez-vous ! Son front attend vos fleurs
Quand nos vivats iront, troublant l'espace.

*
* *

Il fut vaillant. Il ne sema le leurre.
Il mit en nous l'Honneur. Il dit souvent :
« Oh ! cœurs français, pour vaincre j'attends l'heure,
« Et ces deux cris : En Avant !... En Avant !... »

IV

I

Dites, jeunes Français, oh ! voulez-vous savoir
Ce que c'est qu'un Drapeau, ce qui flotte et rayonne
Des brises de l'aurore à l'aquilon du soir
Et que vous vous plaisez à caresser, à voir,
Comme si vous saviez ce qu'il vaut, ce qu'il donne ?
Dites, jeunes Français, voulez-vous le savoir ?

II

Le Drapeau c'est l'œil bleu de l'enfant qu'on adore,
C'est la goutte de lait blanche au sein maternel,
C'est la pointe du sein de la nourrice, encore...
Voilà du beau Drapeau le jeune tricolore
Que les enfants grandis sauront rendre éternel.

III

Ah ! le Drapeau Français c'est le bluet des plaines,
La blanche marguerite émaillant nos vallons,
Le coquelicot rouge à l'abri sous les chênes...
Voilà du beau Drapeau les tricolores chaînes
Que Dieu mit dans nos champs et que nous contemplons.

IV

Le Drapeau n'est-ce point le bleu des mers sublimes,
Les neiges au blanc pur des trop sombres hivers,
Le sang de nos soldats, glorieuses victimes...
Et le Drapeau français par les vaux, mers et cîmes,
Représente en l'esprit l'imposant Univers...

V

Le Drapeau c'est le bleu des anges, de l'espace ;
C'est le blanc de la vierge et de la pureté,
C'est le rouge des soirs, du soleil qui s'efface...
Voilà notre Drapeau, sa splendeur et sa grâce
Mettant en notre esprit le mot Eternité...

VI

Enfants, notre Drapeau c'est la vaillance même,
Les jardins et leurs fleurs, les fleurs et leur doux miel.
Du pays où l'on vit c'est la beauté suprême.
C'est le Dieu que l'on chante et l'enfant que l'on aime.
Du monde c'est la Paix puisqu'il est arc-en-ciel.

VII

Plus, c'est le voile bleu de la chère Espérance,
Déesse en ses plis bleus, blancs, rouges triomphants,

Cette Déesse-là, sachez-le, c'est la France :
Elle prône l'exil de la sombre ignorance,
Le fusil chez les forts et le livre aux enfants.

V

Mais arrivons au but de notre Préface.

Or, chers lecteurs, les nouvelles que ce livre renferme sont moins écrites pour les pères que pour les fils.

C'est à eux, jeunes encore, d'écouter les récits de nos gloires, le soir, autour du foyer, quand crépite la flamme ou quand, l'été, la lune argente les bois...

C'est à eux que s'adressent les conseils de ceux qui furent des braves, c'est sur eux que repose la confiance de la Patrie, c'est par eux qu'un foyer effacera l'oppression de la veille, car ils sont la Revanche !...

Non, les enfants de notre France aimée, celle qui fut mutilée, mais qui nous dit : « J'espère », n'ont pas besoin, pour puiser au sein des grands peuples antiques des éléments patriotiques, de dire à la Grèce : Inspire-nous d'Alcibiade; à Carthage, d'Annibal; à la Rome païenne, de Brutus; à la Perse, de Cyrus; non, dis-je, car notre Patrie a assez d'exemples, et le jeune chevalier d'Assas, ce généreux et stoïque héros de Closterkamp, est là pour dire à toutes les générations : SOUVENEZ-VOUS !...

Mais, tout en apprenant à faire aimer la France par les plus nobles enseignements, il faut aussi savoir intéresser ceux qui nous lisent...

M. L.-R. Josset l'a compris, et, en nous parlant de la *Patrie*, il nous parle de l'*Amour*.

Les faits qu'il nous cite ont été vécus par lui-même...

Il a mis le doigt dans la plaie de ses frères d'armes tombés au sein de la bataille et tout son cœur dans les événements qui se sont succédés...

Il a vu la France ensanglantée et Belfort victorieuse...

Il a vu des mères se tordre de désespoir sur le corps de leurs enfants et des fiancées mourir sur le cadavre de ceux qu'Hyménée attendait avant les hécatombes...

Et sa mémoire en a conservé le douloureux et pieux souvenir...

Ce livre du vieux soldat blessé par les balles allemandes, mais qui a crié vengeance;

Ce livre de vérité et de mâles accents;

Ce livre de sensations ressenties, écrit avec du sang et séché aux feux du bivouac, est la genèse d'une lutte que ne conçut Homère, d'un amour qu'Antigone ne connut, d'une espérance que ne caressa Léandre, d'une ardeur que Lysimaque jalouserait, mais que le Français acclame, que le Français admire que le Français démontre, quand, dans la lice des actions viriles, l'armistice n'a plus le droit de commander le calme à nos soldats et le silence à la voix des canons...

VI

Quand nos enfants, à genoux devant une Déité martiale ou assis sur les genoux de leurs grands-pères s'intéresseront à ce qui fait le Pays, sa constitution, sa force, ses mœurs, son armée, son honneur, les timorés auront à chasser leurs alarmes et les vieillards à raffermir leurs bras, car la Patrie sera robuste, elle pourra combattre, elle pourra soutenir, elle pourra vaincre, parce que ses jeunes fils auront appris et retenu.

Et pour faciliter tout cela, que faut-il ?

Un son lointain déterminé par l'explosion d'une poudrière, un seul regard vers nos frontières de l'Est, un simple coup d'œil jeté sur des livres pareils à celui que mon vieil ami et collaborateur, M. L.-R. Josset, vous offre aujourd'hui.

Josset, je l'ai toujours trouvé vaillant et laborieux. Le soldat vous le reconnaîtrez dans son livre, l'écrivain s'y révélera et le citoyen s'y manifestera à tout instant.

A Cette, où je le connus pour la première fois, alors que fonctionnaire, rédacteur en chef du journal quotidien, le *Commercial et Maritime*, professeur de déclamation au Conservatoire National, on venait de lui offrir une récompense gouvernementale, je reconnus que cet homme avait, non seulement du mérite, mais de la valeur.

Le journal la *Rénovation Littéraire*, de Montpellier, à la tête duquel je me trouvais alors et autour duquel s'étaient groupés de doctes personnages et d'énergiques étudiants qui ont fait leur chemin depuis près de huit ans, — ce journal, dis-je, se crut flatté, lorsqu'après nos offres, M. L.-R. Josset daigna en accepter la présidence d'honneur sous son pseudonyme Léo Tess, correspondant, à Cette, à celui de Jean L'Avenir, sous lequel il a beaucoup écrit et mérité.

Encouragé, soutenu, instruit, dirai-je, par sa femme, sa douce et sublime compagne, Josset, s'inspirant d'elle, Josset, mettant à profit ses salutaires conseils, ne pouvait que se révéler méritant et homme de cœur.

Honneur donc à sa muse, que je peux et dois qualifier de collaboratrice morale de son livre.

Et maintenant que j'ai parlé du Drapeau et de l'Espérance ; maintenant que j'ai recueilli la quintessence d'une vie et analysé brutalement mais impartialement cette vie, n'ajoutons que quelques mots...

Car...

Car, irai-je du Carmel où sont des sectes au Liban où sont des cèdres, de Ceylan où croît le sagoutier à l'Armorique qui ne cesse d'enfanter des héros, du Lion de Belfort qui crie : *Je veille !* au Lion de Trafalgar qui hurle : *Je mens !*... Oui, irai-je de ceci à cela afin de prendre du nouveau après avoir sondé l'Humanité de tous les âges et tous les âges avec leurs états sociaux, mon éloquence serait vaine...

J'ai à peu près tout dit, mais voici ce que je désire...

Je désire que la France ait de bons Français, les Français de valeureux enfants, les enfants une doctrine, la doctrine de l'héroïsme, l'héroïsme un Drapeau, le Drapeau une devise, cette devise des lettres d'or qui devront scintiller sous les rayons du soleil de notre Mère commune, mettant bien en évidence ces deux mots qui résument l'histoire et la vertu d'un grand Peuple :

AMOUR ET PATRIE !

Joseph PUECH.

Paris, Septembre 1897.

Belfort le 25 xbre 1870.
Persuté - Grand'Garde
Tosset

Je dédie ce livre, modeste hommage de gratitude, à la mémoire du glorieux Colonel DENFERT-ROCHEREAU
et de mes Frères d'armes morts au champ d'honneur.

L.-R. JOSSET (Léo TESS),
Ex-Fourrier d'ordre à Belfort (1870—71)
du Commandant supérieur
de la Place.

Phot. Edouard Allévy, 105 bis, Rue de la Gaîté, Paris

Colonel DENFERT-ROCHEREAU
Siège de Belfort (1870-71)

BELFORT...

BELFORT...

SON HISTORIQUE. — SA DÉFENSE HÉROÏQUE
LE COLONEL DENFERT-ROCHEREAU

Après vingt-sept années écoulées, après encore une nouvelle fête du 14 juillet passée sans que les *Vétérans*, présidés par le capitaine O. Levecq, selon leur *desideratum* exprimé d'assister à la revue, aient pu y prendre place, M. le ministre de la guerre ayant une fois encore repoussé la prière des vieux soldats de l'ANNÉE TERRIBLE, il nous semble utile de placer à nouveau sous les yeux des patriotes, et ce, dans ce livre fait pour tous nos amis, les anciens défenseurs de la Patrie, la grande figure du colonel DENFERT-ROCHEREAU, ce type accompli du stoïcisme, de la capacité et de la bravoure, digne d'être donné en exemple à tous les commandants de places fortes du présent et de l'avenir.

Nous n'avons pas ici l'intention de refaire un long historique. Non, car il faudrait un gros volume pour raconter dignement les luttes et les souffrances des glorieux combattants de Belfort.

D'autres, avant nous, ont publié des ouvrages très connus sur le siège de Belfort, de *Belfort l'invaincue,* debout *quand même* !... et décorée pour sa belle résistance, après plus d'un quart de siècle, en mai 1896, à la suite des inoubliables fêtes des 4, 5 et 6 avril, données par la ville héroïque, par la municipalité de la cité vierge à ses défenseurs de 1870-71, aux survivants des hécatombes, aux soldats qui écrivirent avec leur sang une glorieuse page d'Histoire si bien retracée par plusieurs de nos frères d'armes, les fiers officiers Thiers et de la Laurencie, notre confrère le poète Joseph Berger, Léon Belot, Charves, etc., etc.

C'est cette glorification, que le célèbre sculpteur Bartholdi a voulu consacrer en offrant à chaque défenseur de Belfort, avec le reliquat de la *souscription nationale* ayant servi à l'édification du Lion *du Château,* une médaille commémorative. Mais cette médaille, votée par le conseil municipal de Belfort en reconnaissance des services rendus, fut repoussée par les gouvernants qui refusèrent d'écouter les justes revendications des soldats de tous les corps d'armée de l'année terrible demandant une médaille commémorative de la guerre *franco-allemande*. Cependant le port de cette médaille donnée à quelques-uns des défenseurs les plus en vue du siège mémorable fut accordé comme insigne; aussi la vit-on briller sur la poitrine de presque tous les membres de la belle Société présidée par le sympathique commandant Jean Apté ✻,

LES DÉFENSEURS DE BELFORT, 1870-71

(Société fondée par l'éminent ingénieur Boëttcher)

Comme l'a dit feu Charles Colas dans son beau livre posthume *Coqs et Vautours* : Pour parler d'avenir à ceux qui pleurent et qui attendent, pour leur dire nos espérances et encourager les leurs, qu'ils sachent, et *n'oublient jamais*, que si notre drapeau ondule encore fier et superbe sur notre terre d'Alsace, où le **Lion** *de Bartholdi* veille sur la trouée des Vosges, c'est à Denfert-Rochereau que l'on le doit, à lui et à ses soldats, ses chers *mobiots*, comme il les appelait.

Oui, le poète a raison... au-dessus de tout, Denfert, dans son devoir de soldat, mit l'honneur de notre France bien-aimée, alors meurtrie, blessée... déchirée de toutes parts. Oui, des cœurs surent lui répondre et des bras vigoureux s'offrirent à lui pour combattre l'ennemi de notre sol envahi et de nos foyers violés, depuis l'humble chaumine jusqu'au château. Denfert fit respecter le sol où dorment les aïeux, protégea le berceau de l'enfant, la pure vierge du déshonneur qui l'attendait.... L'honneur national, que rien en France ne peut abattre, conserva Belfort à la Patrie. Mais comme on savait combattre sans souci du danger, des souffrances, voire même de la mort qu'on bravait pour la sainte cause ! Et Belfort crie aujourd'hui à ses sœurs Strasbourg et Metz : Patience !.. espoir !.. Je veille, sentinelle avancée !.. Le jour de la délivrance approche !.. Ah ! qu'on reprenne courage sur la Moselle, la Meurthe et sur le Rhin... on est prêt sur la Meuse et à la trouée des Vosges.

Gloire donc à Denfert-Rochereau, au père de ses soldats, au chef énergique qui, à la tête des défenseurs de la place forte alsacienne, a mis, pendant toute la durée d'un long siège meurtrier, au service de cette citadelle, fille de la mère-Patrie, un rare talent militaire, une science à toute épreuve et un dévouement sublime et sans borne.

Et de combien d'hommes disposait le vaillant chef regretté de tous ceux qu'il commanda et qui le connaissaient ?.. A peine 17,000 : 1 bataillon des 45e et 84e d'infanterie de ligne qui, avec le dépôt du 45e, formèrent le 35e régiment de marche, une demi-batterie à pied du 7e d'artillerie, 4 demi-batteries à pied du 12e, une demi-compagnie du 2e régiment du génie... puis, venait une compagnie du génie de la garde nationale mobile du Haut-Rhin, 3 batteries de la même garde, 2 de celle de la Haute-Garonne, les fameux enfants de Toulouse qui s'illustrèrent là. Venaient encore, échelonnés dans les villages, les bois, dans les grand'gardes, les francs-tireurs d'Altkirch, commandés par *le turco*, le vaillant capitaine Marcel Gingembre, plus connu sous le nom de d'Aubépine, cent douaniers, forestiers et quelques gendarmes et quelques cavaliers isolés, chasseurs et autres, placés sous le commandement d'un fourrier d'ordre porteur de dépêches ; enfin, 300 hommes de la garde nationale mobilisée sédentaire de Belfort, 3 compagnies de mobilisés du Haut-Rhin, quelques francs-tireurs des Vosges, 2 compagnies des Vosges, 5 de Saône-et-Loire, dont la fameuse 3e compagnie du 2e bataillon qui, armée de chassepots, assista aux combats des Perches, de Perouse, d'Essert, de Bavilliers, et fut presque détruite, écrasée par le nombre, dans la nuit du 7 au 8 janvier, à Danjoutin, après une lutte acharnée et meurtrière de plus de huit heures de nuit. Citons encore la belle phalange de la légion Lyonnaise, les 16ᵉ et 65ᵉ régiments de marche (du Rhône), enfin les presque enfants du pays, les 4ᵉ bataillon et 57ᵉ régiment de marche (de la Haute-Saône).

C'est dans la glorieuse sortie, mais sanglant combat de Bavilliers, que notre sympathique sociétaire des *Vétérans*, membre d'honneur de la la Société des *Défenseurs de Belfort 1870-71*, M. Lépine, Gouverneur général de l'Algérie, G. C ✳; c'est dans ce mémorable combat du 13 décembre 1870, que l'ex sergent-major du Rhône, plein de bravoure, gagna la médaille militaire à côté de tant d'autres braves dont nous regrettons de ne pouvoir citer ici les noms tant la liste en serait longue.

C'est avec ces 17,000 hommes que Denfert brava la Prusse dans la personne du général Treskow, commandant une formidable armée assiégeante.

Belfort ne devait pas tenir trois jours, certains l'avaient déclaré ; et, son premier gouverneur — un général dont nous tairons le nom, nom qui est dans toutes les bouches et dans la mémoire de tous les héros qui défendirent la place. — Cet homme appelé là, à se couvrir de gloire, déserta son poste d'honneur.

Cependant la citadelle résista et put soutenir un long siège de 104 jours, dont 73 d'un bombardement meurtrier, du 2 novembre 1870 au 13 février 1871, époque durant laquelle tombèrent sur la cité vierge environ 450.000 obus. Et Belfort ne se rendit pas, resta Belfort, ne fut pas prise... resta la victoire au milieu des désastres, la consolation au sein des pleurs, et Denfert put sortir à la tête de ses troupes comme autrefois Barbanègre à Hu ningue, le sourire aux lèvres, bravant l'ennemi, avec les honneur de la guerre.

Belfort, disait-on avant de compter sur Denfert, est à peine défendue par de vieilles fortifications construites par Vauban !... Et ses forts inachevés ?... ajoutaient les apeurés : les Barres, Bellevue, les Hautes et Basses-Perches ! Et on concluait : Artillerie et munitions insuffisantes, pas de soldats, des mobiles, presque des enfants, inaguerris et mal armés... Et déjà, sourdement, on entendait : — Evitons donc les horreurs de la guerre... rendons-nous !...

Mais Denfert surgit... il résista. On sait le reste. Belfort est restée vierge...

Cependant une moyenne de 6,000 projectiles par jour portant dans la ville, ses faubourgs et villages environnants, la ruine et la désolation par la mort et l'incendie... dura le temps que nous avons indiqué plus haut. Ah !... terribles souvenirs ! 163 canons, 72 mortiers de l'artillerie prussienne, pendant 73 jours, firent disparaître 34 maisons et périr 278 habitants inoffensifs : femmes, jeunes filles, vieillards, enfants et infirmes ; la garnison perdit 5.000 hommes. Mais on nous a assuré que les Allemands, de leur côté, avaient eu près de 6.000 tués et plus de 10.000 blessés, sans compter 1.000 prisonniers retenus à Belfort.

Il est presque impossible de décrire le tableau des désastres des faubourgs de France, des Ancêtres, de Montbéliard et du Fourneau qui, ce dernier, placé sous le château et directement exposé au feu de l'artillerie, n'était plus qu'un monceau de cendres, après trois mois de siège pendant un des hivers les plus rigoureux qui fût. Ah ! c'est qu'ils tombaient dru, *les enfants de troupe* et leurs sœurs *les marmites à choucroute*, obus Krupp d'une hauteur de 0 m. 55, que nous avions ainsi baptisés en riant, bien qu'ils portassent la mort dans nos rangs. Oh ! oui, avant le dernier coup de canon du *Château*, tiré par J.-B. Ployer, le 13 février 1871, combien de héros obscurs tombèrent dans les forts, rougirent le sol couvert de neige de leur sang jeune et chaud à Bessoncourt, le Mont, Bavilliers, les Bosmont, Daujoutin, Perouse et les Perches !

Malgré la maladie, le froid, les privations, Belfort tint jusqu'au bout, sublime et superbe dans sa belle robe de vierge faite de bleu comme l'azur, de blanc d'oranger, rayonnant comme l'oriflamme de Jeanne, la bonne Lorraine, et de rouge vif, comme le sang des défenseurs qui s'immolèrent pour ELLE et la Patrie.

Denfert, l'indomptable, fut *oublié*... mais il n'en reste pas moins grande figure. Qui dit Denfert dit Belfort, Belfort-Denfert ! Donc, gloire au grand soldat dont nous reproduisons ici les traits, essayant vainement de raconter les actes qui lui ont marqué sa place au milieu des plus grands héros de notre beau pays de France.

DÉFENSE HÉROÏQUE DE BELFORT

BLEU, BLANC, ROUGE !..

1870-71

BLEU, BLANC, ROUGE !

1870-71

A mon cher Ami et Frère d'armes,
JOSEPH BERGER, *Auteur des*
Oubliés de Belfort *et des* Lyonnisettes.

Gloire aux héros qui dorment en paix le grand sommeil éternel ! Ceux qui tombent, en combattant, pour la PATRIE, ne meurent pas ; leurs noms, passant de bouche en bouche restent gravés comme un trait fulgurant de feu dans la mémoire de tous et revivent d'un plus pur éclat par le culte du SOUVENIR, pour être inscrits dans notre HISTOIRE en lettres d'or, astres nouveaux du ciel de FRANCE qu'emporte la GLOIRE, ouvrant ses ailes pour s'envoler vers l'Olympe des braves, les berçant dans leur sommeil, afin de les réveiller devant la POSTÉRITÉ, cette déesse terrestre, sœur de MÉMOIRE, devant laquelle se sont courbés nos pères, devant laquelle nous nous courbons, comme se courberont nos fils, nos neveux et les races futures. Oui, devant cette souveraine à la justice impeccable, se chargeant de faire revivre les gloires et de retenir les noms sublimes tout en consolant les héros vivants et *oubliés* par la pensée d'Horace... l'encourageant « *Non omnis moriar* ». Que tous nos vaillants soldats *n'oublient jamais*, se souviennent *quand même* que :

Le soldat glorieux ne descend au tombeau
Que pour revivre, en tous, sous un jour bien plus beau !

Tels : *d'Assas, Hoche, Kléber, Marceau, La Tour d'Auvergne* (Corret de), *Blandan, Laveysière, Triaire, Boëltz, Bobillot* et tant d'autres, tous héros, sans tenir compte de la hiérarchie ou de la fortune.

O vous, qui lirez ces pages bien modestes du plus modeste encore vieux soldat, sachez qu'à BELFORT en 1870-71 :

Le Moblot était jeune… et ce n'était qu'un **bleu** ;
Pourtant, il défendait sur le **blanc** de la plaine
La Patrie outragée et meurtrie… Et, son feu,
Provoquant l'Allemand, le tenait hors d'haleine ;
Car TRESKOW écumait en voyant que BELFORT
Résistait à ses coups, ville héroïque et vierge.

. . . .

Rouge était notre sang, alors tout jeune et fort
Arrosant les sillons. Le fusil était… cierge
De la procession qu'on faisait au DRAPEAU
Sur la terre sacrée et chère de l'*Alsace*

. . . .

Comme on savait marcher… sans crainte du tombeau !
La *Mort* même, avait peur, devant la fière audace
Des tout *petits soldats* du *grand chef*… — qui ? — DENFERT !
Et le *Sort* sut donner à BELFORT la victoire,
Les honneurs de la guerre ; et jeter, dans l'enfer
Des tourments, nos vainqueurs que jugera l'HISTOIRE.

L. R. J^t (L. T.)

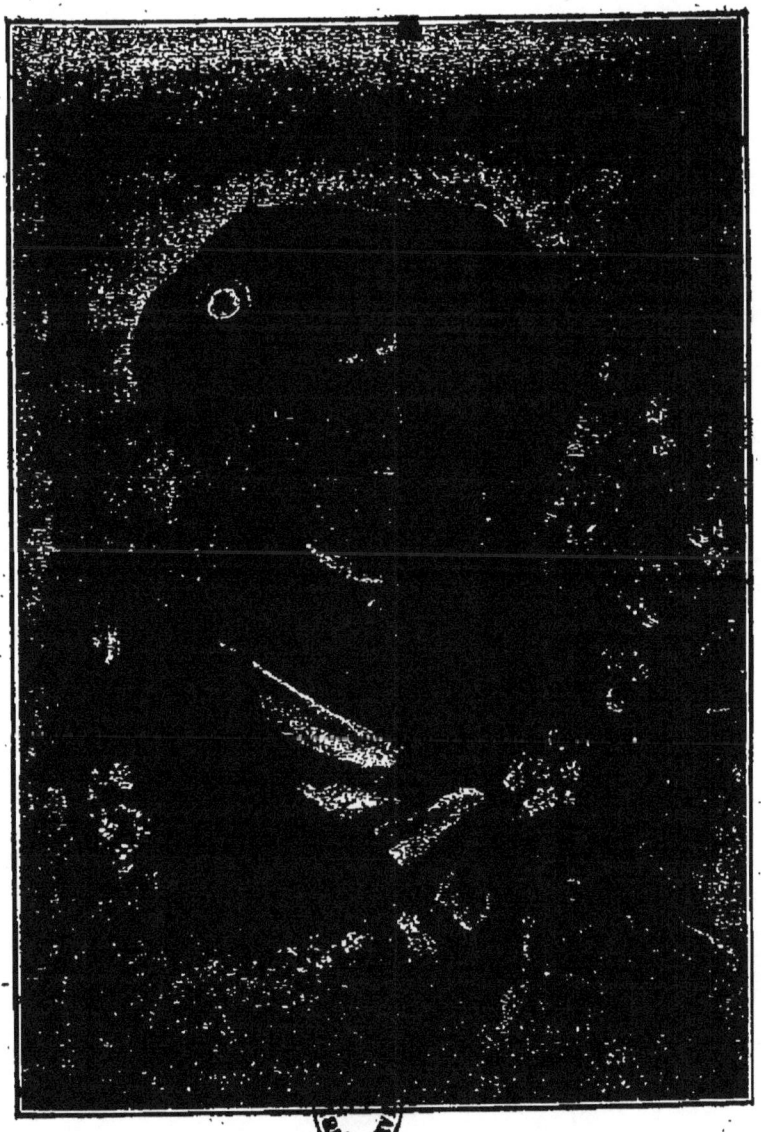

Mlle MARIE A.

La Fiancée du Soldat en 1870-71

COLONNE
D'AUXELLES-BAS

COLONNE
D'AUXELLES-BAS

A Mlle M.-B. A^t.

. . . .
. . . .

Ah Marie !... je cesse de faire appel à mon *idéal*... disparu. C'est le règne de la guerre infernale, sanglante ; de la plus horrible des barbaries. Nous sommes encore aux temps des *Nibelung* farouches.

Tous ces peuples coalisés, enchaînés à la fortune de la Prusse par le hardi Bismarck, obéissent au vieillard fantôme, au despotisme du vieux Guillaume, le César allemand.

. . . .

Demain, cette nuit, ce soir peut-être, c'est encore le combat — **un** contre **cent** — **Belfort**... *La ville vierge*, se dresse devant nous majestueuse ; au faîte du fort du Château, sous le ciel grisâtre, à travers les épais nuages et la fumée, se dresse, droit, dardant le ciel de sa pique, le drapeau français dont les trois couleurs frissonnent sous le vent.

La ville semble nous dire : « *Venez, jeunes soldats ! Venez, je vous attends, vous, vos bras vigoureux et vos armes ! Courage et haut les cœurs ! la France vous contemple et vous admire. En avant ! percez les lignes ennemies, arrivez jusqu'à moi. A l'assaut !... Ici, c'est le salut, la gloire, vos noms à la Postérité. Venez ! Mes murs fortifiés par la nature et par vos pères, vous protégeront. Venez me défendre !!! Lisez en lettres fulgurantes, sang et feu, à travers la fumée et le brouillard, ma devise entourée de feuilles vertes et armées du houx, ma menace, mon défi aux reîtres sanguinaires :* "**Que nul ne me touche !**" *Venez tous ! Gardes mobiles et francs-tireurs ! Venez !* **DENFERT, Rochas, De La Laurencie, Garnier des Garêts, Thiers, Quinivet, Lang, De Gombert, Bornette, Laborie, Gobert, Parcheminé, Lanoir, Perret, Gelly, Perrin, Arnal, Apté, Gingembre, Parizot, Mény,** *et tant d'autres braves vous attendent ! Ici, tout est soldat... tous aiment la Patrie d'âme et de cœur ! Venez me gagner la Croix d'Honneur, pour mon blason !* »

EN AVANT !!!

. . . .
. . . .

Dans la nuit l'ennemi s'avance,
Mes amis, prenons garde à nous !
A l'assaut que chacun s'élance,
Ah ! Soyons tous au rendez-vous !

. . . .
. . . .

A cinq heures du matin, nous étions arrivés, aussi silencieusement que possible, dans la charmante petite bourgade que bientôt devaient emplir les horreurs de la guerre.

Nous fûmes installés par escouades chez les habitants. Ordre formel avait été donné de rester en armes et sur la défensive. On devait rejoindre au premier appel, et se former en bataille sur la place de l'Eglise et de la Mairie. Au balcon de l'édifice municipal flottaient les Couleurs nationales et dans la salle du Conseil, se tenait notre Etat-Major en réunion avec les autorités villageoises.

La bise soufflait glaciale, mêlée à un épais brouillard. Dès notre arrivée, nos officiers avaient été prévenus par le maire, le curé et le maître d'école, que nous étions cernés et que le bois voisin, distant d'un kilomètre du village, était plein de troupes allemandes, et que de plus, l'obscur et long tunnel recouvrant la voie ferrée abritait un autre gros de leur armée. Que la veille, plusieurs francs-tireurs de la compagnie du capitaine *Gingembre*, ayant été blessés et faits prisonniers, avaient été fusillés et pendus aux arbres de la route. — Tout paraissait tranquille à cette heure, cependant.

Le jour se lève, rien ne bouge ; pas un Prussien ; et la journée se passe lente, longue et triste avec la pluie qui tombe. — On attend toujours... fébrilement l'attaque.

Quel admirable et magique tableau au lever de l'aurore. Au loin, les crêtes et hautes cimes des monts, pics et collines de la chaîne des Vosges fermant l'horizon. Les neiges immaculées des hauts sommets semblent toucher le ciel comme voulant l'escalader. Au pied des monts, l'eau des cascades serpente dans la vallée, fumante, glissant sur un lit de cailloux roulés, entre les mousses et les herbes de la prairie déjà recouverte de la première couche de neige hivernale.

Partout, dans la fraicheur du matin, sur le flanc du côteau, dans la vallée, le long des pelouses et des jardins si nombreux de la petite ville toute coquette, des écharpes de brouillard passent, courent, rasant la terre, pour s'élever au-dessus de la prairie et des cours d'eau en colonnes laiteuses se joignant à l'amoncellement des nuages chassés par le vent du nord-est.

La coquette maison dans laquelle nous étions logés, mes camarades et moi, était la plus rapprochée du bois qu'on nous avait signalé et sur lequel nos yeux se fixaient sans cesse, même involontairement.

Nous étions tous de jeunes soldats inaguerris, mais pleins de bravoure, comme ces jeunes chiens de vraie race sentant le gibier, et désireux, sans penser aux mille fatigues et dangers qu'ils vont courir, d'entrer en chasse sous les ordres d'un chasseur connaissant les ruses de l'adversaire.

Ah ! comme cet endroit pourtant était charmant. Quel Eden avait-il dû être durant les mois de printemps, d'été et d'automne, aux heureux temps de la paix. Tout était là, pour pousser les âmes poétiques à rêver à de douces idylles dans lesquelles on aime d'un amour profond sous les voiles de la nuit et les yeux brillants des douces étoiles, pendant que le chantre de la nature et des bois égrène les perles de son gosier, faisant retentir les échos d'alentour de ses notes mélodieuses qui bercent les amants.

La fenêtre du premier étage de l'habitation — *la vieille fenêtre* — était garnie, entourée par les branches d'un immense et vieux rosier de belles **roses mousseuses**. Partant du bas, près de la porte d'entrée, l'espalier s'étendait sur la plus grande partie de la façade de la maison blanche, couverte de chaume.

Comme pour narguer la précoce froideur de ces contrées alsaciennes, le rosier avait gardé quelques fleurs et toutes ses feuilles qui, maintenant, commençaient à se flétrir et à se recroqueviller sous le baiser glacial de la bise du Nord.

Ah! le joli pays... avec ses habitants si affables, si hospitaliers et si braves. Et leurs costumes? surtout ceux si charmants des jeunes filles, telle que notre hôtesse — orpheline de mère, comme vous, Marie.

Ah! la délicieuse enfant, avec son corselet de velours, sa jupe de laine de couleur sombre également bordée de velours, ses beaux cheveux d'or nattés, comme retenus en deux gerbes d'épis de blé mûr, prisonnières d'une coiffe de velours aux larges rubans de moire. Les épaules académiques, la taille élancée et flexible, des mains aristocratiques... bien qu'étant fille de bûcheron. Le visage, vénérable, charmant, malgré l'anxiété et les fatigues commençant leurs ravages sur les traits de cette vierge de seize ans si parfaitement belle avec ses grands yeux bleus rougis par les pleurs, cerclés d'une couche de bistre et son teint pâli.

Je la vois encore, appuyée sur l'épaule de son père, assis près du foyer et armé pour le combat; de cet homme, à la figure énergique, semblant rêver et se croire seul, fixant de ses yeux sombres les flammes de l'âtre près duquel semble aussi veiller le vieux et fort chien.

Près de ce groupe silencieux, deux hommes

d'allures fières; l'un est le fiancé de la jeune fille, l'autre le frère.

Que de pensées dans tous ces cerveaux... que d'éloquence dans ces regards malgré les bouches obstinément closes.

Dans les yeux de la jeune fille, moi, observateur, triste orphelin, loin de vous, mon seul amour sur terre, ô Marie ! je venais de lire : Regrets, orgueil, résignation, amour, abnégation, dévouement, tendresse et bravoure. . . . .

. . . .

Oui, voilà ce que j'avais lu, ce que tout observateur aurait pu lire. L'heure maudite allait sonner. Bientôt l'Allemand allait fouler de ses pieds lourdement bottés le sol de ce village, après tant d'autres, croyant continuer sa promenade militaire à travers la France, ouverte par la trahison et l'incurie.

Le sol sacré du village qui avait vu naître notre jolie hôtesse, où dormait maintenant dans le vieux cimetière entourant l'église, la dépouille mortelle, les restes de sa mère adorée et regrettée, la tant pleurée de tous les gens de cœur de cette maisonnée de héros alsaciens.

Comme elle comprenait, la stoïque jeune fille, que tout était *fini*, et qu'il fallait mieux *mourir* que de ressentir au cœur la cruelle douleur de la plaie, creusée par la perte du sol sacré de la patrie. Cette plaie, qui, dans les cœurs patriotes grandit d'âge en âge, reste béante et saignante et semble crier à chaque génération nouvelle, le *souviens-toi* terrible qui réveille la haine contre les envahisseurs cruels et barbares qu'aucune raison plausible ne guide.

Qu'allaient-ils devenir tous ?... Et *Elle*, ce lis

auguste, cette fleur virginale pensante, quelle était sa destinée ?

En ce moment, elle pensait, interrogeant l'avenir, anxieuse, avec des éclairs dans ses yeux bleus de pervenche printanière. Son regard était sombre, triste, vif, et nulle larme ne venait en altérer l'éclat. Un sanglot, cependant, une sorte d'oppression soulevant sa poitrine, faisait palpiter son sein; tandis qu'un léger frémissement venait agiter ses lèvres... — Ah ! *Erckmann* et *Chatrian* ! que n'étiez-vous là, avec nous. Que de choses admirables, sublimes, auraient pu en tirer vos plumes si savantes, justement amoureuses du sol de votre pays natal, la belle et fière Alsace. Ce pays des cascatelles et des lieds, des champs bordés de buissons formant de jolis sentiers fleuris et embaumés, des chemins et des ruelles emplis d'églantines sauvages et d'aubépine neigeant les pétales blancs des coroles de ses fleurs.

Dans les villas, cantons, bourgades et hameaux, que des charmants petits squares et jardinets. Pays enfin, des fraîches venelles ou des taillis de roses fleuries en toutes les saisons et des joyeux et tendres parterres.

. . . .

. . . .

Je vous ai dit, Marie, que le bois touchait presqu'au bourg. Or, l'un et l'autre, le village et la forêt, possédaient leurs sentiers solitaires tout emplis d'un charme mélancolique et de doux mystère.

Là, où, naguère, se donnait le rendez-vous, où s'échangeaient les serments d'amour ; là, où passaient les couples heureux vivant la griserie de l'enivrement, trésor de la jeunesse et des cœurs vraiment épris ; en ces endroits où quelques mois auparavant on pouvait voir jeune homme et jeune fille penchés l'un vers l'autre, enfants du rêve humain, délicieusement bercés par la caresse de leurs voix unies, les yeux dans les yeux, les lèvres près des lèvres, marchant enlacés, sentant s'ouvrir en leurs cœurs plus de roses qu'il n'en fleurit aux tiges des buissons... On pouvait voir maintenant, avec la valse des feuilles tombantes ressemblant aux pleurs de la forêt, la masse noire et sombre des soldats de Guillaume.

Dans le village, avec courage et patience on attendait.

Maintenant l'Allemand était là, remplissant tout, remplaçant, cauchemar horrible, les doux rêves. Il était là, masse de fer, hache formidable, attendant de trancher des existences, *nombre* en rage, prêt à s'élancer en masse écrasante pour saisir sa proie, cette petite troupe de vaillants officiers et jeunes soldats, de francs-tireurs, gendarmes, forestiers et douaniers, de paysans, voire même, de vieillards, d'enfants et de femmes armés...

. . . .

La journée se passe, on attend toujours !

Nobé, le bon vieux chien, veille maintenant à la porte du jardinet. Il est soldat, lui aussi. Il ne quitte pas la sentinelle des nôtres, placée au dehors dans la partie faisant face au bois.

Il est quatre heures. Au loin l'horizon s'ensanglante entre les espaces des monts et les fûts des grands arbres de la forêt. Comme pour nous prédire une nuit de sang, le soleil se cache jetant sur tout son manteau de rayons de pourpre.

Dans la grande cheminée de la salle basse, on a déjà allumé la lampe. Cette sorte de veilleuse à crochet, suspendue par une longue tringle de fer ; forme en se balançant, elle aussi, avec sa mèche huileuse, des feux rouges qui, successivement, s'élèvent et s'amoindrissent, se mêlant aux flammes du foyer, où brûlent entre d'énormes chenets de fer poli, des bûches de sapin jetant leur pétillement, troublant seul le silence profond de cette salle où chacun pense et se recueille.

Ces lueurs, projettent les ombres grandies des assistants, sur les murs blancs de l'habitation ; tout semble fantastique, mystérieux se fondant dans une trilogie de blanc, de noir et de rouge.

. . . .

Sur un ordre du lieutenant Emile Druard, je venais de monter au premier étage afin de me mettre en observation. J'étais près de la fenêtre encore toute fleurie.

Ah Marie ! si vous aviez pu voir cette chambre, ce sanctuaire virginal où *Thérèse* avait été élevée, car notre hôtesse avait nom : Schwals Thérèse.

L'ameublement, sans être riche, était coquet, avec ce je ne sais quoi de sombre empli de son parfum de chasteté qui impose le respect et l'admiration aux plus hardis. Aux murs, quelques cadres (images saintes), une statue de la Vierge Marie supportée par un mignon autel suspendu, — sorte de console en bois — au-dessus, un portrait de femme rayonnant de toutes les beautés mâles et fières.

— « *C'est ma mère !* » — me dit mon hôtesse, dont les yeux s'étaient tout à coup emplis de larmes. « Ma mère morte l'an dernier à peine âgée de trente six ans. Ah monsieur! comme je l'aimais, comme nous l'aimions tous ici, mon père, Jacques mon frère et Fritz mon fiancé. »

En face, près de la fenêtre, sur le rebord intérieur de laquelle se trouvaient quelques fleurs frêles et peureuses où se cachait tout un épanouissement timide de pures rêveries, était un miroir à cadre de chêne vieux, glace profonde, bleuie par la pénombre où l'on retrouvait l'infini des yeux qui étaient venus s'y mirer. Au fond, vers la gauche, près la porte donnant sur le palier de l'escalier droit de meunier, le lit blanc avec ses grands rideaux tombants, le cachant dans l'alcôve, où bien au fond, on apercevait comme rayonnant dans la pénombre des tentures, un grand Christ en ivoire sur une croix de bois noir supportant un petit bénitier dans lequel on avait passé, derrière la coquille, une branche de buis béni.

Ah Marie!... Marie!... Maudite soit la guerre!

Comme elle devait bien vivre là, cette belle, pure et suave jeune fille. Comme elle devait au temps de la paix, y rêver, douce, calme, solitaire.

Qu'allait-il rester de toutes ces choses sublimes parlant à l'âme du soldat prêt à mourir. Sur la table du milieu recouverte d'un modeste tapis — ouvrage de broderie — était posée une assiette de faïence peinte soutenant un vase de porcelaine d'où s'échappaient par touffes, de simples fleurs : pensées et violettes mêlées.

Le bouquet embaumant de la jolie alsacienne avait été donné la veille du jour de notre arrivée dans le village par le jeune et beau Frédéric, le fiancé de Thérèse.

Le fier fiancé était de la classe 1870, et n'avait point tiré au sort.

Ces fleurs, Marie, me firent pleurer! Oui, mes yeux se mouillèrent d'une larme. Les *pensées*... et les *violettes d'automne* chantées par le grand poète Hugo, ces modestes, tendres, humbles et suaves qui reviennent avec un triste sourire avant les rigueurs de l'hiver comme un rayon d'espérance pour disparaître au premier souffle glacé.

En donnant ces fleurs du cœur, notre conscrit-fiancé croyait-il au malheur ? N'avait-il plus d'espérance ?... Savait-il déjà que sa promise et lui, comme les tendres fleurs, n'avaient plus qu'un jour à vivre et à souffrir ?...

En remettant ce doux gage, son cœur prévenu s'était dit : « Quand je serai au combat, loin d'Elle, « de ma chère aimée, les violettes garderont les « pensées et Thérèse priera pour nous tous soldats, « pour son père, son frère et moi. »

Ah! Marie!... Dieu ne me mettait-il pas sous les yeux ce touchant tableau pour me dire : « Tu le vois, toi qui te crois abandonné de moi, tu es moins malheureux que ces enfants, mes créatures comme toi cependant... et que je vais reprendre, pour te laisser là-bas ta fiancée qui, elle, ne connaîtra jamais, de près du moins, de pareilles horreurs. »

Ah! la guerre! la guerre!!

. . . .
. . . . . . , , ...

Ici, dans les chemins, on trouve encore quelques violettes cachées sous les feuilles mortes, malgré la neige précoce, le sol foulé par les soldats des deux armées en présence et la dévastation. Aujourd'hui, un peu remis de l'horrible nuit dont je conserverai toujours le sanglant souvenir, je vous adresse celles-ci que j'ai cueillies dans le jardinet des braves gens d'Auxelles-Bas, où je suis descendu en billet de logement et qui, avec étonnement me regardent écrire.

Gardez-les toujours ces fleurs que j'ai couvertes d'un baiser qu'elles vous donneront avec leur parfum d'Alsace, bien que peut-être fanées quand elles vous arriveront, si elles arrivent... avec ma longue lettre si vraie, écrite à deux heures de marche du lieu du massacre que nous avons quitté, forçant les lignes prussiennes, aidés des mobiles de la Haute-Saône, du Haut-Rhin, du Rhône qui appuyaient notre vaillante colonne de Saône-et-Loire.

De Paris, toujours pas de nouvelles !

Que se passe-t-il de l'autre côté de notre cercle de fer et de feu, qui nous enserre chaque jour d'avantage, de plus en plus, nous environnant de toutes parts?

. . . .

De longues heures se sont écoulées tranquilles ; je les ai employées à écrire mon journal, car nous devons rester en armes et sans cesse nous attendre à de nouvelles attaques... Voici la nuit. Comme nous pourrions être surpris, je vais, le plus succinctement possible, tâcher de vous dire la fin affreuse de tous les êtres si beaux et si bons, dont j'ai placé les portraits sous vos yeux.

Si je dois mourir de la mort glorieuse de ces héros et martyrs d'Alsace, vous saurez comme on meurt pour la Patrie.

Et en faisant relire notre correspondance aux **races** futures, elles sauront ainsi le stoïcisme de notre lutte pour conserver Belfort à la France, notre mère à laquelle sans regrets nous sacrifions tout et donnons notre sang.

Si je suis frappé, comme Fritz, je crierai : « Vive la France! » et votre nom sur les lèvres, votre portrait dans les yeux par le souvenir et la pensée, je m'éteindrai, donnant à la mort, pour entrer chez elle, les mots d'ordre et de ralliement de mon cœur : *Amour et Patrie ! France et fiancée.*

LA NUIT TERRIBLE

Nous fûmes attaqués vers dix heures du soir.

Le choc fut terrible, rapide, précipité, quelle chose infernale!... la fusillade, le canon ennemi, le miaulement et sifflement des balles, les déchirements de la mitraille, nos cris de : en avant ! mêlés aux commandements allemands, au bruit assourdissant des roulements des tambours et sonneries des clairons. aux appels des blessés et râles des mourants. Ah!... l'affreux, le lugubre spectacle.

Les chevaux éventrés, les hommes gisant dans un affreux pêle-mêle au milieu des affûts brisés, des charriots renversés, des caissons vidés ; le tout. dans la boue sanglante des chemins détrempés par le brouillard de la veille et la pluie de la journée...

Des cris..., toujours des cris !... du sang, partout du sang !... Des morts de tous côtés... Ah! ces cadavres hideux, convulsés ! C'est horrible ! Et ma plume est impuissante à retracer cette scène de carnage, à faire le tableau de ce charnier après l'épouvantable hécatombe.

Que d'angoisses inexprimables sur tous les visages, dans les yeux des combattants, même sur les traits de ceux frappés, annihilés, qui, même. dans la mort, semblent encore menacer.

Pour compléter ce décor d'horreurs inénarrables, tout brûle ! L'église comme les maisons, rien n'est respecté. Au milieu du bourg, le *clocher*, d'où tombent des ais en flammes, des étincelles, pleurs de feu, semble prendre Dieu à témoin — l'Eternel, qui a permis encore ce nouveau massacre.

. . . .

Après la bataille, notre capitaine, Armand de La Loyère, me désigna pour remplacer l'ami Bromet mort, frappé d'une balle en plein front, en criant le terrible et lugubre : « *Serrez les rangs* ! ! !

Je devais aider les commandants Gelly et Lartaud, le capitaine adjudant-major marquis de Vaublan, à faire l'appel.

Ah ! que de manquants déjà ! Pauvres mères ! Pauvres familles ! Tristes fiancées !

Ordre me fut donné de visiter le champ de bataille avec ma section. Je m'empressai d'obéir, aidé de l'instituteur Gaussin, de la sœur Félicie Hirch, de l'ambulancière, Marie Weiss, jeune fille de dix-sept ans, de la cantinière Eugénie Vallot, d'une escouade d'infirmiers improvisés commandés par M. l'aide-major Greuzard et de quelques villageois, gendarmes et francs-tireurs, ces derniers faisant l'office de brancardiers.

Nos peines ne furent point perdues ; beaucoup de soins furent donnés aux blessés, et nos morts, ainsi que ceux de l'ennemi, purent avoir un lieu de sépulture provisoire. — On en mettait partout. —

Sans nous en apercevoir, nous étions arrivés près de la lisière du bois, juste en face de la petite maison de Schwals, que mes yeux cherchaient obstinément, mais en vain ; au point, que je crus m'être trompé de chemin.

Je m'approchai du lieu où elle s'était élevée. Horreur! je faillis tomber. Ce n'était plus qu'un amas de pierres calcinées et de ruines fumantes. Un seul pan de mur restait debout. Au milieu, par la baie de la vieille fenêtre restée sur ses assises comme par miracle — chose inouïe — une rose, une simple fleur bien vivace était encore au rosier qui, bien que mort, continuait son escalade, soutenant de son squelette brûlé les restants du mur noirci par l'incendie qui avait tout anéanti.

Je priai quelques hommes de fouiller ces décombres. Le premier objet qui s'offrit à notre vue, fut le cadavre d'un tout jeune officier allemand ; mais bientôt mes yeux s'obscurcirent, je venais d'apercevoir le corps de Thérèse presque carbonisé. Je m'écriai : « *Mon Dieu ! Quoi ! Vous avez donc permis....?* » et une pensée horrible vint frapper mon cerveau à la vue du Prussien mort presque enlacé avec la jeune fille.

Que s'était-il passé avant le massacre et la mort de la vierge alsacienne ?

Le vieux chien, *Nobé*, gisait éventré de plusieurs coups de baïonnette auprès du corps de l'enfant... Entre les crocs serrés du bon animal, on pouvait distinguer un morceau d'étoffe brune — je vous le montrerai, si je reviens. — C'était un morceau de capote d'un soldat bavarois, dont le corps fut retrouvé près de celui du père de la jeune fille, avec le morceau manquant à son uniforme.

Ah ! ce chien ! peut-être avait il trouvé la mort en défendant sa belle maîtresse contre les infâmes brutalités des monstres pour lesquels le vol, l'incendie et le viol ne sont qu'un jeu.

Je fis enlever tous ces restes ainsi que la dépouille de la jeune martyre d'Alsace, priant un de mes camarades de donner aussi la sépulture au vieux chien.

Cette bête, sans le vouloir, m'attachait pour jamais à l'espèce ; car, n'est-il point préférable de mourir de la morsure du chien fidèle devenu hydrophobe, quand par ses caresses, son attachement, son dévouement, il vous a prouvé son amitié, que de s'étolier d'âme sous le venin de la morsure de l'hypocrisie humaine ?

Au moment où nous rendions les derniers devoirs aux nôtres, je vis s'avancer vers moi un homme chancelant et sans âge, tant son visage était meurtri, sali par la poudre et le sang. Cet homme aux traits mâchurés, aux vêtements en lambeaux, était Frédéric, le fiancé de Thérèse. Les yeux creusés, vifs, sans une larme, lançaient des éclairs ; — on aurait dit un fou, — les dents serrées, pas une parole ne sortit de sa bouche.

Il était sans arme et avait le bras gauche cassé par une balle, près de l'épaule. Et il marchait ! De sa main droite, il m'avait saisi le poignet en me reconnaissant. Sous mes yeux effrayés maintenant par tant d'horreurs, il venait de placer un chiffon de papier que je conserverai toujours comme une sainte relique, si je vis ; je lus : « *Jacques et son père sont morts, Thérèse n'est plus... ils ont fusillé ma pauvre veuve de mère et aussi brûlé notre bien..., moi ? j'ai mon affaire !... je vais mourir !* »

A peine avais-je fini de lire, que le jeune homme s'abattit comme une masse. Je le fis transporter dans une maison voisine où, malgré les soins des majors et des ambulancières dévouées, il mourait le soir. . . . .

Ah Marie ! jamais je n'oublierai cette stoïque figure du héros alsacien, ni celle de l'enfant qui me semble à présent avoir été pour moi une vision céleste . . . .

. . . .

Pardon, chère Marie, de vous avoir attristée par ce sombre et véridique récit. Hélas ! combien devons-nous encore voir de pareilles nuits ? car, nous entrons demain à Belfort et nous ne sommes, nous assure-t-on, qu'au commencement d'une longue et pénible campagne. Combien de nous, officiers, sous-officiers et soldats pourront revoir leurs foyers ?... Que nous importe ! Comme nos pères de 1792, nous voulons chasser l'étranger, repousser l'envahisseur, *vaincre ou mourir !*

Je vais remettre cette lettre faite en double-copie de mon journal, à mon cher ami et frère d'armes le franc-tireur *Mary* qui part avec son camarade *Bégeot*, en mission pour Besançon. Il coudra ces minces feuillets de papier de soie avec son courrier militaire sous sa chemise. Il a assuré à notre Etat-Major connaître un moyen sûr pour dépister les Allemands pour arriver à son but, non sans périls et sans fatigues, afin de satisfaire aux ordres du commandant de place, Denfert, devant lequel nous serons demain matin, si rien n'arrive cette nuit, nous forçant à perdre le terrain que nous avons gagné, mais à quel prix !...

Fasse le Ciel, pour la *Patrie* et mon *Amour*, que mes compagnons d'armes arrivent sains et saufs. Ce sont deux braves, deux vrais Français, ils arriveront avec leurs dépêches qu'ils doivent remettre à M. Grosjean, préfet du Haut-Rhin.

> Vous trouverez dans ces plis avec un peu de poudre et de sang, taches glorieuses, mes fleurs. Acceptez le tout avec mes baisers et mes souhaits de vous revoir, vous et tous ceux qui vous sont chers.

¡Votre fiancé,

Le Fourrier,

J...

LA MORT DU MOBILE

MORT DU MOBILE

QUAND MÊME!...

de l'éminent sculpteur MERCIÉ, auteur du *Gloria Victis!*

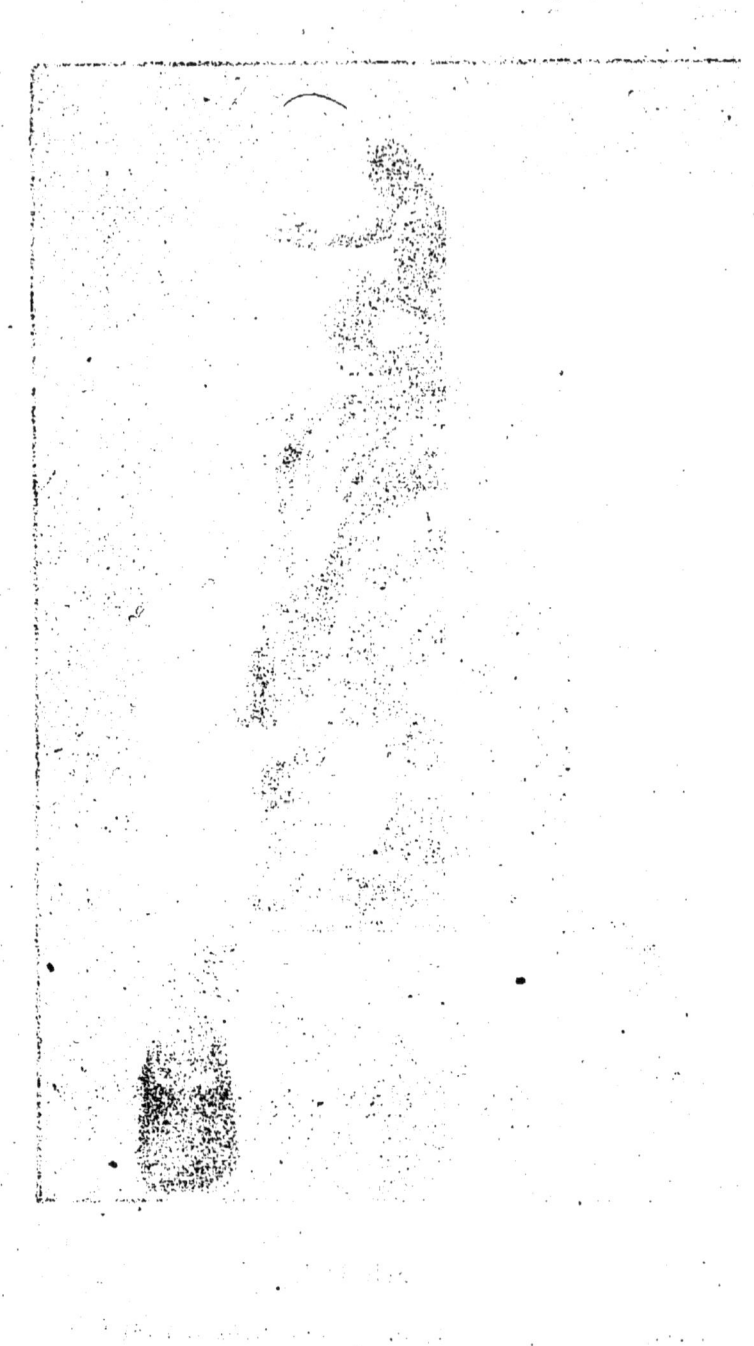

LA MORT DU MOBILE

Pour Mlle Augustine Scriwanech ✥ a ♆
la Sublime Patriote et Grande Artiste.

> Regardons sous la terre,
> Il faut avoir pitié des morts.
> Victor Hugo.

I

C'était dans le bois de Bavilliers, sous Belfort. Cette fois encore, sous l'effort des mobiles du Haut-Rhin, du Rhône, de la Haute-Saône et Saône-et-Loire, l'ennemi avait reculé. Nous restions sur la position enlevée au prix d'héroïques sacrifices.

La neige étendait partout, sur la terre, son tapis d'une blancheur immaculée. Tout disparaissait à l'horizon comme enveloppé dans le grand linceul glacial uniformisant toutes les choses.

Le sergent Lapayre, qui commandait le petit poste en avant la grand'garde, venait de s'éloigner, laissant un tout jeune mobile de Saône-et-Loire en sentinelle avancée. Charles Langlois, était le nom du modeste petit soldat ; il avait vingt ans et était engagé volontaire, comme la plupart de nous.

La nuit était tombée depuis longtemps, Malgré les rigueurs du froid de cet hiver de 1870, défense avait été faite de faire du feu et surtout de fumer ou de parler dans les bois en dehors des besoins du service, des ordres à donner, ce qui devait être fait à voix basse ou au sifflet.

Dès qu'il fut seul, Langlois éprouva une sorte de malaise de se trouver là, isolé, au milieu des bois. Les arbres semblaient grandis et être d'immenses fantômes recouverts de leur suaire... Ah ! que de silhouettes étranges !

Les mugissements de la bise aiguë faisaient craquer les branches, dont les mortes cassaient avec un bruit d'os s'entrechoquant. Le silence régnait partout, le ciel était bas, livide, avec des reflets blafards, qui empêchaient les ténèbres de se faire denses. C'était une sorte de lumière diffuse, au sein de laquelle tous les objets s'estompaient en noir sur le blanc.

Charles restait immobilisé... par une angoisse instinctive, il serrait fortement son arme, ne paraissant pas se douter du danger. Il rêvait au foyer où il avait laissé là-bas, dans la ville de Châlon-sur-Saône, sa mère et ses deux sœurs ; mais, il pensait surtout à l'amour... A l'amour qu'il avait méconnu, à sa Clotilde, qui, pure enfant de seize ans, s'était donnée à lui, l'année d'avant et de laquelle il avait eu un fils. A cette heure, comme il regrettait, lui, l'enfant heureux et choyé de la maison riche d'avoir abandonné celle à qui il avait juré un amour éternel. A l'heure où la mort planait sur les champs de bataille, guettant nos jeunes héros sans distinction de caste ou de condition, le remords poignait l'âme de la sentinelle. Le jeune homme se reprochait d'avoir été comme la plupart des hommes, avide de plaisir, les cherchant dans les enfers du vice. Monologuant il murmurait : « Comme j'ai été précoce en tromperie, égoïste et méchant ! Mon âme était donc vile, pour que j'aie profané cette fleur, chef-d'œuvre de la création ? Mon cœur ne pensait donc pas une seule des paroles mielleuses que ma bouche faisait entendre à cette belle et douce vierge qui, sans défiance s'abandonnait à moi ? Ah ! Clotilde ! mon cœur, quand il parlait ainsi, était celui d'un fourbe et d'un lâche ! Tu les écoutais cependant avec joie mes perfides paroles, quand nous allions nous perdre dans les sentiers sous la ramure verdoyante des grands arbres ombreux, au temps de paix. Tu les écoutais comme on se plaît à entendre un doux concert de chérubins. Ah ! heureux moments envolés ! Bonheur méconnu. Comme elles étaient persuasives mes paroles ; si persuasives, que le poison mortel entra dans ton cœur. O Clotilde ! pour le dévorer bientôt, le briser de chagrin et de désespoir...

Je me souviens notre dernière entrevue en laquelle, infâme, je torturais ton âme pure, de jeune mère éplorée, en te chassant, t'accusant d'en vouloir à ma fortune.

... Puis les menaces de ton frère, ton frère que j'ai vu mourir hier, frappé par le plomb meurtrier de l'ennemi...

A ses reproches, sûr de l'impunité que me donnait ma position, je lui avais répondu : « Elle n'avait qu'à se défendre, elle me suivait partout, et puis... lui ai-je jamais promis le mariage ? Elle sait bien qu'il est impossible entre nous. Qu'elle reste tranquille, et je lui donnerai ce qu'il lui faut, pour elle et son enfant... car enfin, elle ne fréquente pas que moi... et horreur! j'eus la force d'ajouter à ce frère : Mon cher, vous êtes homme ; eh bien! n'oubliez jamais cette maxime de je ne sais plus quel poète fou et sage à la fois :

> « C'est l'amour qui nous rend heureux
> « Et non pas la maîtresse même.
> « Du moment qu'on est amoureux,
> « Qu'importe la femme qu'on aime! »

Comme j'ai été lâche, mon Dieu!

En ce moment où je veille sur la sécurité de mes camarades, mes chers compagnons d'armes, je fais un vœu : « Mon Dieu! que Belfort échappe à l'envahissement, et si vous permettez que j'échappe à la mort, s'il en est temps encore, je réparerai... j'épouserai ma Clotilde que j'aime, ma devise devient : *Amour* et *Patrie*, *Patrie* et *Amour*. »

La pensée du jeune mobile voguait ainsi, quand soudain des ombres surgirent de la lisière du bois.

Arraché à son rêve, Charles secoua ses épaules engourdies et apprêta son arme, l'ouïe aux écoutes, l'œil essayant de distinguer ce qui se passait au loin à travers le brouillard.

Les ombres, maintenant, rampaient sur la nappe blanche et laiteuse.

La sentinelle se souvint alors que les camarades dormaient tranquillement sous sa protection, se reposant avec confiance sur sa bravoure, son courage et sa vigilance. Les ombres avançaient rapides et grossissaient en nombre. A un léger bruit de cliquetis de fer, Langlois épaula son arme, un éclair raya l'espace et une détonation se fit entendre, ainsi que le cri : *Aux armes* ! que répercutèrent les échos d'alentour.

La masse noire se levant enfin, un feu nourri de mousqueterie répliqua au coup de feu du mobile et à son appel; les miaulements des balles ennemies commencèrent, ainsi que les cris assourdissants. Le poste, la grand'garde, prévenus, tous, nous étions debout.

Ah! l'horrible vacarme, et quel carnage ensuite !

La compagnie du lieutenant Druard, **de** Saône-et-Loire, arrivait au pas de charge, appuyée par celle du Rhône, que commandait le capitaine Arnal, ainsi que par les francs-tireurs du lieutenant Gingembre, les gendarmes, douaniers et forestiers.

Le choc fut terrible, la bataille s'engagea sanglante, acharnée, pour durer près de huit heures.

Le matin, on voyait le champ libre; un étendard bavarois était aux mains d'un jeune fourrier souriant, et de nombreux prisonniers allemands ayant posé les armes, étaient rangés en colonne serrée, pour être dirigés sur Belfort, en passant par Danjoutin, conduits par une escorte de gendarmes.

Les moblots et francs-tireurs étaient encore victorieux; le colonel Denfert savait comment ses petits diables se servaient de la baïonnette et comment aussi ils s'aguerrissaient chaque jour, laissant, hélas! bien des leurs sur la terre glacée d'Alsace.

II

Il fallait se compter...

On fit l'appel, ce lugubre appel des champs de bataille. Nous avions perdu beaucoup de camarades tombés dans cette nuit du 13 décembre 1870...

Parmi les nombreux blessés, se trouvait Langlois... Je reverrai toujours devant mes yeux sa face blême ensanglantée. L'enfant de Saône-et-Loire était perdu ; il rendait le sang par la bouche, une balle l'avait frappé en pleine poitrine.

Après avoir reçu les premiers soins de l'aide-major M. Greuzard, il fut porté à l'ambulance de l'auberge Millet. Comme mon service d'ordre me permettait d'aller partout, je suivis le cortège et c'est ainsi que j'assistai aux derniers moments de ce valeureux petit soldat, qui, aux premiers rangs avait fait doublement son devoir, donnant d'abord l'alerte comme sentinelle avancée.

Bien que le major lui défendît de parler et de faire le moindre effort, en me reconnaissant, les yeux mouillés de larmes, il me dit presque à voix basse : « Nous sommes vainqueurs, n'est-ce pas ? » Me mordant les lèvres pour ne pas pleurer et retenir un sanglot qui m'étranglait, j'opinai de la tête... Un sourire vint errer sur les lèvres du moribond. « Tant mieux !... répliqua-t-il, je suis heureux. Je vais mourir bien tranquille, car, ainsi que j'ai fait mon devoir de soldat envers la France, je veux réparer une faute de ma vie. Approche-toi, fourrier, je sens mon âme qui s'envole.. Et je veux achever de faire mon devoir. »

Alors il regarda autour de lui.. et saluant des yeux, par un jeu des paupières, il continua : « Adieu ! je te l'ai dit, ô mon auguste mère ! A l'heure où j'ai quitté ton foyer désolé, je faisais tout pour calmer ton amère inquiétude, je voulais te cacher, à toi et à mes sœurs, le secret pressentiment de mon cœur troublé devant vos larmes. Je meurs pour la France !... Et toi, toi Clotilde ! tu ne me reverras plus... qu'au ciel, là-haut ; mon cœur va s'arrêter dans ma poitrine haletante, tout, ô mon amour ! m'annonce que le trépas vient nous séparer ici-bas... Et vous, mes frères d'armes ! »

Et des larmes inondaient son visage.

A mesure qu'il parlait, sa voix affaiblie devenait presque inintelligible. Ses paroles étaient comme une douce et remuante poésie qui vous mordait le cœur.

Il fit signe qu'il voulait parler encore, je me penchais sur lui afin de lui éviter la fatigue, comprenant bien qu'il voulait dicter ses dernières volontés...

« Prends, me dit-il, mon portrait sous ma tunique, là, avec mon portefeuille. » Et des yeux, il m'indiquait la place... Je fouillai, avec précaution. « Prends mon révolver à mon ceinturon, je te le donne. Coupe-moi de mes cheveux. Tu connais ma mère, ce sera pour elle, tu lui demanderas de prier pour son fils qui l'aimait tant... »

Les camarades pleuraient ; ces jeunes lions de tout à l'heure se courbaient silencieux devant la douleur de leur frère d'armes agonisant.

Ah ! les angoissantes heures !

Au loin, on entendait par intervalles le bruit sourd du canon de la place, l'artillerie du Château, des forts de la Miotte, de la Justice et des ouvrages des Hautes et Basses-Perches, de Belvue et des Barres.

Se soulevant, Langlois demanda à embrasser le fanion tricolore de la compagnie, et il ajouta plus péniblement encore : « Bien !... bien !... à Clotilde à présent, tu la chercheras et tu lui remettras mon portrait ; qu'elle me pardonne et apprenne à notre fils à me bénir... je leur lègue mes biens... qu'ils soient heureux... qu'ils soient... »

Il venait de retomber...

Avec des soins infinis, je le remis commodément sur sa couche... Je sentis un souffle. Il avait expiré dans mes bras. Son âme venait de s'exhaler.

Le bonheur du devoir accompli avait embelli ce jeune visage ; et malgré les années, je conserverai toujours son souvenir.

Frappé glorieusement pour la cause française sur la terre alsacienne, il venait de s'éteindre, héros obscur de la bataille.

Le mot sublime : *Adieu*, l'espérance en une autre vie avaient ennobli cet enfant de Saône-et-Loire.

III

L'hiver battait son plein. Pendant que Langlois mourait à Belfort et recevait une sépulture provisoire dans le cimetière de Danjoutin, Clotilde, la Clotilde aimée du moblot, désolée, chassée par des parents cruels et barbares, se traînait dans la campagne, mendiant de porte en porte avec son enfant dans ses bras. Pâlie, presque mourante de fatigue, de froid et de faim, elle avait quitté le petit grenier qui lui servait de chambre et où la neige entrait de toute part, pour aller implorer la charité publique au moment où la Saône charriait d'énormes glaçons, pendant qu'au loin nos soldats combattaient avec désespoir et mouraient pour la France.

La pauvre jeune fille, mère éplorée, ignorant le retour inespéré et tardif de celui qu'elle avait tant aimé, cherchait à réchauffer son enfant, en lui parlant, et s'enfuyant à travers la campagne dont les chemins disparaissaient sous la neige....

. . . .

. . . .

Vers le mois de mai 1871, alors que le canon tonnait dans Paris, où le peuple français vaincu, sous l'œil avide du Prussien, s'égorgeait au sein de la lutte fratricide de la guerre civile, une scène navrante se passait sur les bords de la Saône, à Lyon. La nature réveillée après le rude hiver, avait rendu ces parages charmants..

L'air était embaumé des senteurs douces et enivrantes des fleurs ; le soleil dardait sur tout ses rayons d'or resplendissants.

Sur la berge, la foule était rassemblée près du corps inanimé d'une femme qu'on venait de retirer de l'eau, attachée fortement par un châle avec un petit garçon de deux ans environ. Le corps était amaigri, les traits d'une grande beauté semblaient avoir conservé dans la mort l'empreinte de la souffrance.

La misère, l'âpre misère, le rigorisme public et l'horrible faim avaient tout fait. Dès que le bébé avait su murmurer, bégayer : « *Maman, j'ai faim !* » le courage de résistance avait manqué à la pauvre créature innocente, repoussée de tous, même de sa famille...

On l'a compris facilement. La morte... c'était Clotilde ! Clotilde que j'avais tant cherchée ainsi que la famille Langlois, à laquelle j'étais venu apprendre la fin glorieuse du petit mobile et ses dernières volontés...

Au mois de juillet suivant, la mère et les sœurs du héros de Bavilliers, apprirent la fin tragique des deux êtres tant recherchés. Le corps du soldat, ramené de Belfort, repose, depuis cette époque, aux côtés de ceux de sa Clotilde et de son petit Eugène, dans le cimetière de Saint-G..., (Saône-et-Loire).

Ah! jeunesse au front rose, cœurs chauds, soyez toujours sincères. Profitez du printemps pour respirer le parfum des roses.

— Aimez! Aimez en mai, avec force et loyauté; n'attendez pas l'automne et ses désillusions.

Aimez à vingt ans. Aimez! Aimez bien. Sans quoi, si vous offensez l'amour, vous serez brisés par la main du *Très-Haut*.

Sachez le, novembre est trop vieux, décembre a trop de givre... Préférez les tapis de mousse au tapis de neige; et souvenez-vous toujours, qu'on ne rachète pas le temps passé, notre volonté tardive ne commandant jamais aux événements qui surgissent, aux fléaux qui frappent et qui tuent, comme furent tués les héros de ma nouvelle dont j'affirme l'entière authenticité.

VINGT-CINQ ANS APRÈS!

VINGT-CINQ ANS APRÈS !

CONDUITE HÉROIQUE DU CAPORAL VIARD. — CE QUE PEUT FAIRE LA PEUR. — UN MORT QUI MARCHE.

> *Pour les dignes et vaillants promoteurs du monument élevé à la mémoire du sergent-major* EUGÈNE BOELTZ, *le héros de la Petite-Pierre (1870), et pour notre cher camarade et frère d'armes, l'éminent statuaire* MARQUET DE VASSELOT ✻ ⚜ ❀, *auteur du buste du Héros regretté.*

. . . .
. . . .

> *Il pleut, il pleut, Bergère !*
> *Rentre tes blancs moutons !*
> *La fonte peu légère*
> *Tombe des gros canons !!*

T'en souvient-il, ami, cher J. Berger, de ces moments terribles où tant de héros obscurs tombèrent pour la Patrie ?

Pour nos noces d'argent — le mariage de la grande épopée avec nos armes — baptême de notre amitié sous le feu de l'ennemi, laisse-moi te raconter ce véridique épisode.

C'était au plus fort du bombardement, après la

possession des *Petites Perches* — ouvrage ou fortin en terre comme les *Hautes Perches* — par les Prussiens.

La mitraille que vomissaient les Krupp, pleuvait sur la *ville vierge* comme grêle (environ 3.000 obus par jour, sans compter les bombes).

A chaque heure, le nombre des morts et des blessés augmentait, surtout à la porte de France, endroit périlleux ; tu ne l'as pas oublié, tous les projectiles venant de la batterie prussienne d'*Essert* manquant les *Barres*, passaient par dessus ce fort et ceux tirés trop bas pour atteindre *Le Château*, tombaient également avec un ensemble infernal, dans ce couloir de ladite porte, entre les deux enceintes et leurs ponts-levis.

On était alors peu aguerri et on hésitait. L'hésitation était bien compréhensible parmi nous tous, pauvres moblots, dont la plupart des sous-officiers et soldats étaient pères de famille ; partant, les hommes commandés pour les corvées devant se rendre à Belfort, faisaient tout leur possible pour se faire remplacer ou exempter d'une façon quelconque.

Un de ceux pour lesquels tout cela était absolument égal était le caporal Viard, de la 8ᵉ compagnie du 3ᵉ bataillon de la Haute-Saône. Chaque fois que l'occasion se présentait de remplacer un de ses collègues, il le faisait avec grand plaisir. Viard bien que tout jeune encore, déjà comptait, comme engagé volontaire parmi les vieux soldats de l'armée régulière ; de plus, ce grand garçon mince, élancé, spirituel et toujours gai, se piquait de *fatalisme*.

Ami, si tu ne connais pas l'épisode que je vais

te raconter, sache que cette fois l'obligeance de Viard, notre Paul que nous aimons tant, faillit lui coûter la vie.

En arrivant au pont de la *Savoureuse*, la gentille rivière, alors recouverte d'une épaisse couche de glace, comme d'habitude, notre héros compta les coups de la batterie allemande d'*Essert* et avec ses hommes et sa petite voiture, il franchit vivement le pont, puis attendit la deuxième décharge pour passer la porte de France : deux cadavres étaient là : un jeune fourrier et un mobile.

Quand Viard passa, un obus venant on ne sait d'où vint frapper l'angle de la porte, éclata, couvrant de débris de pierre et de fonte notre Paul et ses hommes. Une roue de la charette, venait d'être fortement endommagée et la moitié de la petite troupe avait disparu pour rentrer au faubourg des Ancêtres.

Viard rassembla le reste de ses hommes et continua sa route pour la manutention, *fort de l'Espérance*. Derrière ce fort, sous la voûte, le feu était tellement violent et meurtrier, qu'aucun de ceux que conduisait Viard ne voulut avancer. Pour donner du courage à ceux que la peur paralysait et qui devenaient insensiblement et sans se rendre bien compte, indignes du port de l'uniforme français, notre caporal traversa la place découverte de la voûte au bâtiment servant d'hôpital. Juste à ce moment, par un redoublement du tir ennemi, il n'avait pas parcouru moitié du chemin, qu'une grêle d'obus passant devant lui, derrière lui, le frôlant, éclatant, faisant sauter pièces de bois, de la terre, des pierres, le couvrit et le tourbillon fut si fort que ces hommes sans attendre, en le voyant tomber, le crurent anéanti et se rendirent à la compagnie, retournant au faubourg des Ancêtres, annonçant la mort du caporal Viard.

. . . .
. . . .

Celui-ci était pourtant bien vivant ; passé sous cette pluie de fer, jeté à terre, il s'était relevé avec une blessure légère — une simple coupure au poignet gauche —. Une fois debout, il se gara à l'angle du mur de la manutention, pour examiner la position et se rendre compte de la situation. Ne voyant plus aucun des hommes de son escorte, craignant qu'ils fussent tués, il revint sur ses pas et ne trouva qu'un mort, un mobile qui n'était pas des siens, mais qui les avait suivis pour entrer dans la place.

Ah camarade ! souviens-toi de la bravoure et de la courageuse insouciance de notre bon Paul : et vois ce qu'il fit sous la pluie des projectiles.

Il put accomplir sa mission difficile et périlleuse à sa grande gloire et revint par le même chemin pour sortir de la ville.

En arrivant au glacis près de la *Savoureuse*, il rencontra une dizaine d'hommes de sa compagnie. Où allez vous donc, camarades? s'écria joyeusement le caporal en fredonnant sur l'air bien connu :

> *Il pleut, il pleut Bergère !*
> *Rentre tes blancs moutons !*
> *La fonte peu légère,*
> *Tombe des gros canons.*

Après avoir parlementé, il éclata d'un bon rire en soufflant dans ses doigts à la déclaration de ceux qu'il venait d'interpeller.

On venait chercher son cadavre afin de lui donner la sépulture. Le mort marchait, parlait et chantait.

Malgré tout, la surprise de Paul, la réflexion venue, avait été si grande que sa sensibilité eut le dessus à ce moment où l'émotion le gagnait en voyant combien était grande l'affection que ses frères d'armes avaient pour lui.

Cette preuve d'amitié héroïque avait beaucoup plus ému notre héros que la fonte meurtière à laquelle il venait d'échapper presque miraculeusement.

Tous rentrèrent à la compagnie heureux et contents, la mitraille pleuvant toujours, continuait son œuvre de mort. Les chefs firent fête au caporal Viard.

. . . .
. . . .

Ami, sais-tu combien il en reste encore, vingt-cinq ans après, des acteurs de cet épisode historique qui témoigne de la bravoure de celui qui est devenu père de famille, l'intègre conseiller municipal républicain et le patriote que nous connaissons?

Quatre !..... c'est peu... mais que veux-tu, le temps nous use, emportant à chacun de nous, à chaque heure qui passe, un lambeau de l'existence. Nous passons.

Tout passe et tout s'enfuit, tout change et disparaît!

Mais le souvenir reste, et *l'écrit* demande pour lui une place dans la mémoire de nos fils et de nos neveux chargés de la revanche, pour transmettre à la *Postérité* les noms glorieux des braves qui luttèrent si stoïquement pendant l'année terrible partout sur le sol de la patrie — notre France aimée et meurtrie, amputée de deux de ses membres — *Alsace-Lorraine* — surtout les noms de ceux qui tombèrent sur cette terre bénie restée française — *Le Territoire de Belfort* — si bien défendu par **Denfert** et sa légion de héros.

Au revoir, mon vieux, à toi ma cordiale poignée de main et mes meilleurs souhaits. Vive la France et son armée qui reprendra nos provinces perdues au Kaiser orgueilleux, qui fête à Kiel le **canal Guillaume.**

LES TROIS COULEURS

LA MIOTTE

« J'oppose aux ennemis, reîtres au regard louche,
« Ma force en leur criant : *que nul de vous ne touche*
« *A ma* PIERRE, *au grand socle où veille mon lion!...*
« *Prusse!... ah! pour toi, crains ma fière rebellion!...*

LES TROIS COULEURS

18 décembre 1870

I

On s'était battu toute la nuit...
Les grands arbres et les épais fourrés du bois de Bavilliers étaient blancs de givre.
Après le bruit assourdissant de la mêlée, le silence. — Nous étions restés maîtres de la position. On s'appelait, on se comptait.
Il pouvait être huit heures du matin.
Dans l'aube grise, dans le brouillard, nos silhouettes apparaissaient et disparaissaient semblables à des fantômes furtifs.
Le sergent-major Lépine (*Toto*) des mobiles du Rhône avait disparu. Nous l'avions cherché en vain parmi nos morts.
Brussey, un des nôtres me dit :
— Par ici fourrier, par ici. Je crois avoir aperçu celui que vous cherchez près de la maison du garde-chasse. Il se soutenait à peine.
Je suivis mon interlocuteur, — le télégraphiste —. Quelques hommes nous accompagnèrent. En arrivant près de la masure, située au milieu d'une clai-

rière, nous trouvâmes notre cher et vaillant ami Lépine assis au pied du mur. Il était pâle, défait, ses yeux brillaient d'un feu sombre, il était blessé d'un coup de feu, sa souffrance était grande.

Nous l'aidâmes à se relever.

Dans les bois, les clairons sonnaient l'assemblée sous les ordres du brave caporal-clairon Antoine Fert.

Alors, nous prîmes le petit et courageux sergent-major, et, à l'aide de nos fusils et de branchages, nous lui fîmes un brancard.

La marche fut laborieuse. Cependant, un quart d'heure après, nous rejoignîmes nos compagnons du Rhône, de Saône-et-Loire et du Haut-Rhin qui se concentraient après avoir poussé dans un cercle d'hommes armés les prisonniers allemands.

Dans la compagnie du Haut-Rhin était un tout jeune homme, — dix-huit ans à peine, — Charles Fischer. Il était du pays et fiancé de Marguerite Zimmermann, à peine âgée de quinze ans et fille d'un vieux brave.

Notre jeune homme s'était battu comme un lion. Les armes de l'engagé volontaire alsacien avaient fait merveille. Son visage était noir de poudre et sanglant, ses mains déchirées par les branches, son uniforme en lambeaux. En nous apercevant il vint à moi.

— Fourrier, me dit-il d'une voix caverneuse, avez-vous vu Marguerite? Vous savez bien, Marguerite, ma fiancée, l'amie de Marie Weiss, la gentille infirmière-volontaire de l'ambulance Bontemps, la fille du brave Zimmerman.

— Oui. Eh bien! répondis-je sans rien comprendre à la question du moblot qui parlait difficilement le français, à quoi puis-je t'être utile, mon cher camarade ? Parle-moi...

II

Maintenant, autour de nous venaient de se ranger nos officiers. Sur un ordre du lieutenant Emile Druard, qui avait fait enlever la position à la baïonnette, dans le brouillard, quelques hommes allaient fouiller le bois afin de rechercher les blessés de ce victorieux et inoubliable combat...

Le petit mobile alsacien ne cessait de répéter, en regardant le sergent-major blessé, auquel il paraissait s'adresser plus particulièrement :

— Vous, chef, vous savez bien de qui je veux parler ?

Il se tordait les mains. Il pleurait, ajoutant :

— *Elle* nous avait suivis, son père et moi. Je ne le voulais pas. Elle vint quand même, avec le vieux curé de Danjoutin et Gaussin, le maître d'école, disant que sa place était où se trouvaient son père et son fiancé, que son devoir était de les suivre, de secourir les blessés, de braver la mort.

La bretelle tachée de sang du fusil du mobile glissa de son épaule et l'arme tomba à terre sans qu'il cherchât à la ramasser. Il reprit :

— Si le fourrier *Tige* ne sait pas, vous savez, vous, chef. Vous la connaissez, vous l'avez vue avec nous quand nous l'avons fait entrer avec l'abbé Grandmesse et le magister dans la maison du garde au moment du plus fort de la fusillade... Vous savez bien quand le lieutenant Gingembre est venu nous appuyer avec ses rudes francs-tireurs.

Puis dans un cri déchirant coupé par un sanglot il jeta ce blasphème :

— Ah ! Dieu... Dieu, non, vous n'êtes pas juste ! Vous m'avez tout pris. Je m'étais engagé pour venger mon brave père et ma mère chérie que les monstres ont fusillés après avoir brûlé notre maison à Altkirch... Et maintenant..., ils ont tué l'espoir de ma vie, ma belle et douce *Vierge d'Alsace*, Marguerite, ma fiancée...

Il faisait peine à voir. Des larmes sillonnaient les joues de son visage mâchuré. Plus bas, comme à part lui, il continua :

— Oh ! les bois en fleurs où j'allais avec *Elle* !... Mes rêves !...

Et s'adressant à nouveau au sergent-major :

— Ah ! si vous saviez, chef, comme tout alors était gai, paisible, calme. Souvenez-vous, quand le 84e revint de *La Petite-Pierre* où il avait été relevé par une compagnie du 96e ; et que revint aussi l'ami Jean Apté, remplacé là bas, par le sergent-major Eugène Boëltz...

Dites, vous souvenez-vous aussi comme tout était encore animé dans notre maison quand vous y vîntes ? Rappelez-vous du Drapeau tricolore que mon vieux père avait placé au-dessus de la cheminée près de son brevet et de sa Croix d'honneur !... Oh ! vous rappelez-vous du fusil gardien du foyer et des médailles de Crimée, d'Italie et de la valeur militaire Sarde ?... Morts !... morts !... brûlés, disparus !... tous !... tout !...

Il eut un instant de rage sourde. Il jeta son képi

à terre avec colère, en proie au plus visible désespoir. Mais il se radoucit bientôt pour continuer :

— Et, hier encore, chacun avait au cœur un rayon d'espérance ! Pouvais-je croire que Strasbourg se rendrait ?... Oh ! France !... Oh ! pauvre Alsace !...

Comme frappé d'un coup mortel, le jeune homme roula sur le sol à l'étonnement de tous. On s'empressa autour de lui. Il n'était qu'évanoui.

III

Deux sections furent laissées dans les bois, sur la position prise, en attendant la relève et le gros du convoi se disposa à partir avec les blessés sur Danjoutin. Charles Fischer fut emmené avec eux dans les charriots d'ambulance improvisés.

Rapidement, je pus échanger quelques paroles avec le sergent-major Lépine :

— Qu'a voulu dire ce moblot alsacien ?... Il m'a fait pleurer !

— Va, me répondit le sous-officier, jusqu'à la maison du garde, où vous m'avez ramassé. C'est-là que tu trouveras le vieux curé, le maître d'école et la jeune fille... Tu sauras tout !...

Et dans un amer sourire le blessé ajouta :

— La baïonnette a fait son travail... Mais cours à la chaumine, s'il en est temps encore, et délivre nos chers amis ! Va, va !... Ne tarde pas !...

Après avoir perdu connaissance... j'ai le pressentiment de graves désastres... et l'alsacien a peut-être tout compris en lisant dans mes yeux ma pensée...

Après avoir donné une cordiale poignée de main et l'accolade à mon frère d'armes, nous nous quittâmes ; lui, me répétant, pendant qu'on l'emportait :

— Au revoir, *Tige*, et bonne chance !,..

IV

Notre sympathique lieutenant, après avoir assuré le service, voulut nous accompagner. Avec la dixième heure du matin, le brouillard avait disparu.

Après un quart d'heure de marche sous bois. nous arrivâmes, ma section, mon lieutenant et moi, devant la masure indiquée. Sur notre passage, les hommes chargés de donner la sépulture aux morts, nous saluaient suspendant leur funèbre besogne.

Les alentours étaient silencieux. On n'entendait que le craquement des branches mortes brisées par le vent et, au loin, le bruit sourd et ininterrompu du canon de la Place.

— Frérot, commença le lieutenant en s'adressant à un mobile fossoyeur, y a-t-il quelqu'un là, dans cette maison ?

— Je ne sais, mon lieutenant, mais tout à l'heure en approchant, j'ai cru entendre un chuchottement.

— Pourquoi n'êtes-vous pas entré avec quelques-uns des vôtres ?

— J'ai frappé à la porte avec le manche de ma pelle.....

— Eh bien !...

— On n'a pas repondu. J'ai collé mon oreille à la porte et je n'ai plus rien perçu.

— Il fallait enfoncer cette porte.

— Gardez-vous en bien !... venait, tout à coup, de prononcer une voix.

Nous nous retournâmes. C'était le vénérable curé de Danjoutin. Le digne et vieux prêtre qui nous avait suivis pendant la bataille nous encourageant sans cesse du geste et de la voix, accomplissait maintenant l'exercice de son pieux ministère, en bénissant les tombes improvisées et en disant une prière pour chacun des morts tombés là, dans cette nuit sanglante, héros obscurs confondus au sein de l'hécatombe...

Le beau vieillard avait la tête nue. Ses longs cheveux blancs lui faisaient comme une auréole céleste.

Là, dit-il en montrant la maison, agonise dans la prière une douce et sainte jeune fille, une enfant de ce pays, mortellement blessée !

Il s'avança de quelques pas. Nous nous étions découverts. Tirant de la poche de sa soutane une clé, le bon curé ouvrit la porte de la masure qu'il poussait en dedans, grande ouverte, en disant :

— Quand le garde de ces bois fut mort, frappé par l'ennemi, je lui pris cette clé dans son vêtement pour ouvrir, comme en ce moment, cette porte, afin de faire transporter dans ce refuge, sur le lit, son cadavre et celui d'un officier de francs-tireurs de Kéler qu'accompagnait une toute jeune fille blessée, presqu'une enfant. — J'ai veillé, j'ai prié, Dieu a entendu et exaucé ma prière... et la maison a pu être respectée.

Et nous invitant du geste à nous approcher, il ajouta encore :

— Voyez, mes enfants !...

Nous avançâmes. Dans la pénombre, nous n'aperçumes qu'une ombre immobile accroupie sur le sol fait de terre battue.

Le lieutenant étant entré avec moi, me commanda ;

— Tige !... ouvrez cette fenêtre ! J'obéis aussitôt.

Ah ! quel spectacle !... Sur le lit défait gisait le garde, semblant dormir, le front troué d'une balle. A terre, sur un matelas, le capitaine de francs-tireurs mort lui aussi et couvert de sang...

Auprès de lui, froide statue de la douleur, sa fille dans le costume alsacien si connu et si cher à tout cœur vraiment français, à tout cœur de patriote.

Le prêtre, en entrant, après s'être mis un doigt sur les lèvres comme pour nous recommander le silence, avait murmuré une prière, et de la main, dans l'espace, fait un grand signe de croix. Il avait marché jusqu'à l'enfant blessée qui n'avait pas bougé à son approche ; car cette jolie, tendre et suave fleur d'Alsace n'était plus, hélas ! qu'une pauvre folle.

— Que Dieu, qui nous a accordé la victoire en ce jour, ait pitié des âmes de ces héros, prononça le prêtre. Saluons leurs glorieuses dépouilles qui ont été le réceptacle de leur belle âme qui plane maintenant sur nous, heureuse, près du Seigneur, dans la céleste cité. Oui, enfants, bien heureuse

du devoir bien rempli, nous disant : « — Ne pleu-
« rez pas, soldats, restez forts, enviez-nous plutôt ;
« car ceux qui tombent, comme nous sommes
« tombés, en combattant pour la défense de la
« Patrie, sur le sol sacré qui les a vu naître, ne
« meurent pas ! La gloire, en les berçant, les em-
« porte sur ses ailes dans l'immortalité, après avoir
« gravé leurs noms dans la mémoire de tous les
« survivants chargés de les écrire sur les tablettes
« glorieuses de l'Histoire de notre France chérie,
« qui les fera revivre pour les générations futures,
« afin qu'on *n'oublie jamais*, qu'on se souvienne
« *quand même* dans le marbre et par le bronze.

« Sur nos tombes, Dieu qui voit tout, saura se-
« mer LES TROIS COULEURS de notre labarum
« sacré à l'ombre des plis duquel nous avons com-
« battu et fait le sacrifice de notre vie pour assurer
« la victoire et l'indépendance de notre Patrie.
« Nous ne serons point oubliés, bientôt des fleurs
« renaîtront de notre sang, sortant du sol fécondé
« par lui, fleurs sacrées du souvenir ».

Puis, se retournant vers l'enfant, s'avançant vers
elle, la relevant doucement, la prenant dans ses
bras, la soutenant en la pressant sur son cœur, le
vénérable abbé, d'un accent sublime, pendant que
l'enfant semblait être la proie d'une vision et ressentir un bonheur extatique, ajouta :

— Elle ne souffre plus. Dieu, dans sa sainte mi-
séricorde, a eu pitié d'elle. Il lui a retiré la raison
pour lui donner le doux bonheur des rêves. Oh !
soldats, lisez sur ce beau visage de *vierge d'Alsace*
les **trois** sublimes **couleurs** françaises !... Voyez,
ses yeux sont *bleus* et purs comme l'éther du ciel.
Son joli visage est *blanc* comme l'oriflamme de

6.

Jeanne, la bonne Lorraine, et le sang virginal qui s'échappe de la blessure de son front meurtri comme celui du fils de Dieu, Jésus couronné d'épines, est *rouge* et vivace et beau comme tout sang des martyrs, enfants de France. — Oh! s'écria le prêtre dans un sublime élan nous confiant son cher fardeau, — Soutenez, vous, les soldats d'un grand chef, l'héroïque Denfert, ce symbole de vos *trois couleurs*, cette enfant dont le père est mort pour la France, cet ange qui va exhaler son âme vers les demeures éternelles, et souvenez-vous toujours des trois couleurs de l'Alsace blessée et agonisante sous les coups de l'ennemi de notre chère Patrie et de notre race.

. . . .

V

Nous étions tous très émus. Notre lieutenant essuya une larme.

Nous donnâmes la sépulture au garde et au capitaine. Le prêtre dit une dernière prière, nous reprit l'enfant soutenue par nous, et nous le laissâmes avec la pauvre chère folle qui riait, maintenant, malgré les souffrances que devait lui faire endurer le pansement de sa blessure que faisait avec les plus grands soins notre aide-major, M. Greuzard.

. . . .

L'enfant mourut le lendemain à l'ambulance de Danjoutin entre les bras de la sœur Félicie....., une noble alsacienne aussi, née Hirch.

Charles Ficher, le fiancé de celle que je viens de placer sous vos yeux, rentré à Belfort, dut s'aliter ; ayant appris la triste nouvelle, son état empira et il fut emporté en peu de jours par la variole qui fit de si terribles ravages dans nos rangs, pendant la durée du siège mémorable de la cité héroïque et invaincue, — **décorée aujourd'hui,** — que sut illustrer le colonel **Denfert,** si bon, si paternel pour ses diables de petits soldats qui l'aimaient tous... lui, qu'on devait bientôt oublier, méconnaître, pour faire de ses collaborateurs des **oubliés** aussi... des abandonnés, pleurant en envisageant le passé, comme votre humble et modeste en écrivant ces lignes relevées de son journal du siège, après un quart de siècle.

AMOUR ET PATRIE

AMOUR ET PATRIE

DUO

Musique de Désiré SERVEL.

A mon frère d'armes A. Gaussin
officier d'académie, le *Maître*
d'école d'Alsace.

IDYLLE GUERRIÈRE

I

ELLE

Nous étions dans un chemin sombre,
Léo me pressait sur son sein ;
Déjà les bois se couvraient d'ombre,
Et d'amour mon cœur était plein.
Viens, lui dis-je, soldat du rêve !
Viens, suis-moi sous les arbrisseaux.
— « Non ! répondit-il..... Une trêve ;
Ecoute chanter les oiseaux ! ! »
— Viens là-bas, tout près de la ferme,
Viens, mon ami, mon cher trésor !
Viens de l'ennui trouver un terme ;
Du cœur l'amour est le décor.
Vois, tout dort dans le voisinage,
Jusqu'au doux murmure des eaux,
Viens, cher rêveur, m'offrir un gage
Et laissons chanter les oiseaux ! !

II

LUI

Oui ! ! surtout les oiseaux d'ALSACE,
Aux accents si tristes, si doux.
J'entends dans leurs voix la menace,
De *la revanche* et du courroux.

Des Français dorment dans la mare,
Où poussent les frêles roseaux,
O mon Alsace ! on se prépare !
Ecoute chanter les oiseaux ! !
Que ta sœur la *Lorraine* espère ;
Dis-lui que nous savons aimer.
Que notre gloire militaire
Bientôt viendra vous ranimer.
Nous vous donnerons notre vie !
Déjà frissonnent les drapeaux
Du Tonkin, de la Tunisie ! !
Ecoute chanter les oiseaux ! ! !

III

FINAL

ELLE

De BELFORT oublier l'audace,
C'est se rire de votre effort ;
Parler d'amour aux bois d'Alsace,
C'est vouloir terrasser le fort.

LUI

Ecoute cet oiseau vorace,
Ce Bismarck, prince des tombeaux !
Son AVEU trouble notre race,
Plus d'amour !... Sus ! aux noirs corbeaux !

ENSEMBLE

Il faut refaire notre histoire,
Nous sommes grands et généreux
Du Dahomey notre Victoire
Montre nos soldats valeureux.
Ouvrez vos cœurs à l'espérance,
O mes sœurs ! et sur les coteaux
Voyez la RUSSIE et la FRANCE
Chassant enfin les noirs oiseaux.

Cette (Hérault). — 7 janvier 1893, 21 ans après la sanglante bataille de Danjoutin sous Belfort, où je tombais frappé... Quand j'écrivis ce duo, notre seconde expédition victorieuse de Madagascar n'avait point encore eu lieu. *(Note de l'auteur.)*

J. GINGEMBRE

Lieutenant de Tirailleurs algériens, Commandant à Belfort (1870-71) la Compagnie des Francs-Tireurs d'Altkirch

Aujourd'hui, l'éminent peintre Marcel d'Aubépine ✤, C. ✜
et Officier de plusieurs Ordres étrangers

Président, à Biarritz (Basses-Pyrénées), de la XXVIII° Section
de la Société Nationale de Retraites
Les Vétérans des Armées de Terre et de Mer 1870-71

Président du *Souvenir Français*, pays Basque, etc.

L'ENFANT DE TROUPE

L'ENFANT DE TROUPE

Au Poète et grand cœur Paul Vérola.
« *Qualis pater, talis filius.* »

I

C'était pendant l'attaque du fortin des *Basses-Perches*. Perouse était tombé au pouvoir des Prussiens après bien des luttes héroïques et sanglantes au milieu desquelles *cent* se ruaient contre un.

Ah! ce combat *des Perches*, comme disent les Belfortains! Quelle lutte de géants, de braves, contre des pygmées fourmillant. — Les moucherons dans la chaleur du feu, cherchant à déchirer les flancs du lion. — Qui, des anciens soldats de Denfert, ne se souvient du stoïque commandant Perrin pendant ce combat meurtrier, du superbe officier qui, sous la mitraille, au sein de la fumée, narguait la mort, debout, le sourire aux lèvres, fumant une cigarette, faisant face à l'ennemi et commandant à ses hommes couchés à plat ventre sur la pente du fortin, les feux de tirailleurs ? Quel corps à corps sanglant ensuite, combat gigantesque ! A Marignan, François I•r, le père des lettres et roi galant qui connaissait déjà la devise : *Amour et Patrie*, subit ainsi le choc. Tel Perrin, commandant ces petits hommes *de l'Enfer*, comme nous qualifiait l'Allemand, l'assiégeant presque impuissant à nous réduire malgré leur nombre.

Mais il fallait sauver Belfort des atrocités que les monstres avaient répandues sur tout le sol de l'Alsace à mesure qu'ils avançaient, gagnaient du terrain. La *ville vierge* savait ce qui l'attendait si elle n'opposait point une résistance acharnée. Elle tenait tant, la belle forteresse alsacienne, à sa cocarde tricolore, à son triomphant Labarum dont les plis ondulaient au faîte de la citadelle — sur le château — dans le brouillard et la fumée. Déjà on se souvenait des humiliations imposées aux vaincus, et des crimes des vainqueurs, ivres de sang et de schnick, incendiant les villes, les bourgades, les hameaux au bruit de leur lourde et barbare, comme eux, musique militaire. Volant, violant, ne respectant rien !

Pour s'opposer aux desseins de ces reîtres, tous à Belfort s'étaient faits soldats. Le sublime maire de la ville assiégée ne cessait d'être sur la brèche et d'encourager les habitants et combattants par l'exemple donné, ses placards et aussi ses chaleureuses allocutions patriotiques. M. Mény — c'était le nom de ce héros, collaborateur du grand Denfert — était, empressons-nous de le dire, admirablement secondé par ses adjoints, M. Parizot, tout particulièrement, le digne pharmacien de la place d'Armes ; enfin par tous, qui admiraient ce vaillant dont le nom ne peut être oublié. Mais ne faisons pas de l'histoire, arrivons au cours de notre récit où nous allons voir s'illustrer, aux côtés du commandant Perrin, deux héros des champs de bataille peu soucieux de la vie lorsqu'il s'agit de la Patrie.

Le père Gaugler, natif de Mulhouse, mais qu'on appelait plus communément, à Perouze, Zéphirin, était un vieux soldat retraité qui avait fait toutes les campagnes d'Afrique avec Bugeaud, et aussi celles de Crimée, durant lesquelles il avait été décoré de la médaille militaire.

Au moment où nous le présentons au lecteur, il portait un costume de paysan alsacien. Sa tête était coiffée d'un bonnet de fourrure, sorte de casquette ; la vareuse de laine remplaçait maintenant sa tunique de *vitrier*, car le vieux brave avait servi aux chasseurs à pied. Ah ! comme il la regrettait cette tunique qui lui avait été si familière, et sur une des manches de laquelle s'étalaient à tous les regards et fièrement les trois brisques, *les trois baraques*, comme on disait vulgairement pour désigner les trois chevrons de laine du vieux soldat, qui avait su combattre à Sidi-Brahim où il avait su s'illustrer auprès du fameux caporal Laveyssière.

D'abord, il avait été cantinier. Puis sa femme était morte. Un blondin lui restait, Célestin, son fils, l'*enfant de troupe,* comme l'appelait avec tendresse Zéphirin. — C'était son bien, tout l'espoir de sa vie.

Le vieux brave, dès le commencement du siège, s'était armé et avait demandé à faire partie, en sa qualité de vieux soldat aguerri, de la compagnie des francs-tireurs d'Altkirch que commandait le lieutenant J. Gingembre, l'éminent peintre « d'Aubépine ».

Zéphirin avait été accepté avec joie par le vaillant officier et accueilli avec plaisir par tous ses jeunes frères d'armes. On aimait déjà tant le vieux chasseur au pays d'Alsace. Sa réputation s'était grandie par les histoires légendaires des veillées en temps de paix. On ne doutait ni de son expérience ni de sa bravoure.

Quand l'enfant, le Benjamin du vieux, car, disons le en passant, Célestin n'était venu que sur le tard et sa naissance avait emporté sa mère,

Quand, disons-nous, il vit partir son père, malgré son jeune âge — quatorze printemps — il dit à celui qui l'idolâtrait, avec enthousiasme :

— Père, quel âge avait Joseph Bara, quand il sut mourir pour la France et la République en 1793 ?

Zéphirin regardait son fils avec étonnement, tandis que l'enfant continuait :

— Réponds, père... Je t'en prie! Tu disais toujours en contant tes histoires à nos amis : — « Ah ! « cet héroïque petit bonhomme est un grand « exemple à donner à nos enfants. On n'a pas be- « soin d'être âgé ni de passer par tous les degrés « de la hiérarchie pour être un héros, pour savoir « donner utilement son sang pour la Patrie et faire « pour elle le sacrifice de sa vie... » Ah ! je me souviens de tes paroles, quand tu ajoutais : — « Blandan, mon cher camarade, n'était qu'un sim- « ple sergent... mais il a été aussi grand que les « plus grands, quand devant l'ennemi il s'écria,

« superbe, magnifique : *Camarades! Luttons jus-*
« *qu'à la mort!* »

— Oui, eh bien ? reprenait Zéphirin en admirant son fils, que veux-tu ?

— Que tu me dises quel âge avait Bara.

— Ton âge, gamin... ou, du moins, tu as une année de plus qu'il n'avait...

— Alors, répondit l'enfant. puisqu'il était plus jeune que moi... j'ai l'âge de partir, j'ai quatorze ans, moi !

— Mais tu es fou !... reprit le père.

— Non !... mon père, j'ai toute ma raison. Je ne veux pas que l'Allemand souille le sol où je suis né, la terre sacrée d'Alsace où dort ma mère chérie, que je n'ai pas connue, mais dont je fleuris la tombe après une prière, pour que son âme envolée vienne parler à la mienne ; comme tu sais, père, le jour que je t'ai raconté où ma maman m'est apparue belle, avec un grand drapeau à la main. Non, père, je ne suis pas fou, avec la déclaration de guerre, j'ai cessé d'être un enfant. Je suis ton fils ! Et le fils d'un brave doit partir. Je partirai donc... et rassure-toi, je saurai me battre... et vaincre à tes côtés, en suivant ton exemple et celui de mes camarades.

Zéphirin, les yeux vifs, muet, avec orgueil regarda l'enfant et le baisa longuement au front. Ils partirent.

Ils faisaient partie de la phalange de héros que commandait l'héroïque commandant Perrin.

7.

II

On les vit, le père et l'enfant, côte à côte dans la lutte, stoïques. Le vieux avisé par le jeune des coups qu'il pouvait recevoir, Zéphirin veillant sur Célestin et le couvrant, au milieu du péril, de sa sollicitude paternelle. Ainsi le roi Jean et son fils à la bataille de Poitiers. Les crânes sonneries des clairons des soldats de Denfert les enflammaient.

Tous ces soldats improvisés : volontaires, francs-tireurs, moblots et mobilisés, ressemblaient à des cyclopes se disputant en la fournaise. Les temps héroïques ont passé ainsi et *Ronceveaux* vit mourir *Roland*.

Comme ils étaient beaux, tous, tous ces enfants bien commandés et le moral relevé par les vieux excitant le courage !

Oh ! ce siège de *Belfort* (l'invaincue !) avec de telles troupes sous les ordres d'officiers comme de La Laurencie, Thiers, de Gombert, Rochas, Perrin, de La Loyère, des Garèt, Arnal, Gingembre, l'intrépide, le purgeur des bois... et tant d'autres, véritables héros dignes du grand Denfert-Rochereau, le vrai type du commandant de place forte, à donner en exemple à tous ceux de l'avenir, comme je le redirai plus loin et jamais assez...

Mais on n'était encore qu'au milieu du siège. On luttait contre le nombre toujours grossissant, désespérément, payant de bravoure et d'audace.

Rejeter l'ennemi hors de la ligne d'investissement, s'emparer des batteries allemandes d'Altkirch était le rêve de ceux qui combattaient là.

La lutte était acharnée, meurtrière, sanglante.

Célestin, l'*enfant de troupe*, nous l'avons dit, était là, superbe, à côté de son vieux père. Tous deux étaient noirs de poudre.

Les Allemands perdaient du terrain, laissant des morts partout, jonchant le sol couvert de neige rougie de sang. Les tirailleurs du commandant Perrin était sortis de leur cachette et s'avançaient maintenant, sous la mitraille et dans la fumée, à découvert. On montait à l'assaut sur les hauteurs d'Altkirch. Déjà plusieurs des nôtres étaient arrivés sur les pièces ennemies et massacraient les artilleurs qui criaient grâce. Célestin, dans la mêlée, avait ramassé un clairon qu'il avait porté à ses lèvres. Et celui qui, le premier, avait sonné la charge — le mobile Arnaud — avait été couché dans la boue du chemin, alors que le pavillon de l'instrument était criblé de balles ennemies.

Et Célestin, l'héroïque petit Alsacien, sonnait, sonnait joyeux. De la main gauche il tenait son arme, un chassepot, dans le canon duquel, près de la large baïonnette-sabre, brillante et ensanglantée dans le carnage, il avait glissé le bas de la hampe d'un fanion tricolore.

Et il montait, toujours sonnant, pareil au **clairon** du grand poète patriote des **Chants du Soldat** *(Déroulède)*.

Il arriva un des premiers sur le faîte du renfort protégeant les pièces prussiennes et planta son fanion en dansant, en chantant. Tous, et son père, le suivaient.

Ah ! qu'il était beau dans son insouciante bravoure, ce jeune lionceau des combats !

Le commandant Perrin qui l'avait remarqué en le suivant de près, lui criait :

— Bravo, bravo, enfant ! tu es un homme ! C'est la *Croix* qui t'attend, marche, garçon, en avant ! et crie : vive la France, vive l'Alsace, vive Belfort !!

Et le père et le fils, fiers et braves, sous les plis du fanion aux trois couleurs françaises, sous la mitraille, sourds au bruit du sifflement des balles, au sein des grondements du canon et de la mousqueterie, des sonneries des clairons dominant les râles des blessés et les cris et appels des mourants, allaient, montaient toujours... dans la fumée...

III

Le même soir, on était maître de la place... Perrin et ses soldats avaient enlevé la rude position... Le canon allemand était muet de ce côté.

Dans le fossé de la redoute, au fond de la tranchée alors que l'ange de la Victoire et le génie de la Gloire ouvraient sur nos petits moblots glorieux leurs ailes, deux hommes gisaient..., le père et le fils ! Célestin Gaugler, *l'enfant de troupe*, avait le front troué par une balle. Son vieux père, une épaule brisée et dans la poitrine une balle aussi.

Sa joie, son espérance s'étaient enfuies en voyant tomber son enfant.

Et, le vieux tenant le jeune, tous deux roulèrent vertigineusement, se brisant aux heurts, dans la pente fatale.

IV

Nous sommes au lendemain.

Après le lugubre appel, où tant de vaillants héros obscurs manquent.

Arrivent les brancardiers et les anges des batailles, les ambulancières, saintes et stoïques femmes et jeunes filles, cherchant à distinguer des râles ou une faible plainte, un sanglot, un léger soupir parmi cette large hécatombe.

Alors, ils découvrent le vieux Zéphirin Gaugler qui, quoique moribond, soutenu par une force invincible, entoure de ses bras blessés le cadavre de son fils qu'il embrasse de ses lèvres sanglantes, comme cherchant à lui insuffler sa vie par son haleine, visant ainsi une nouvelle paternité ; mais posthume... hélas !

Des officiers étaient là, muets, paralysés par la douleur mêlée d'admiration qu'ils ressentaient et l'horreur émotionnante de ce tableau que guettait une tombe.

Puis l'un d'eux s'approcha, accompagné d'un chirurgien. Alors, le commandant Perrin, détachant sa *croix*, il se baissa et la posa entre les deux poitrines du père et de l'enfant...

Et durant cette cérémonie simple et touchante, dont je conserverai toujours le souvenir, les clairons sonnaient au champ...

Mais le vieux Gaugler vient de se dresser sur son séant par un violent effort. Son regard brille. C'est l'*Etoile des braves* qui lui donne cette fixité. Il est superbe à voir en cette pose tragique, avec sa tête mâle et fière, au visage pâle et ensanglanté, mâchuré de poudre, avec ses cheveux blancs coupés à la Titus, son fer à cheval et ses moustaches de troupier... Saluons ce brave !..

Quand le médecin-major eut examiné le corps de l'enfant, il hocha la tête et se découvrit. Le père comprit. Alors, prenant des mains du commandant la Croix d'Honneur, il la déposa pieusement sur la poitrine de l'enfant de troupe qui, le premier, avait planté le fanion tricolore sur le mamelon où avait dû se taire l'artillerie prussienne.

Puis s'adressant aux officiers, d'une voix faible, à peine perceptible :

— Nous sommes vainqueurs... au moins... mon sacrifice n'aura pas été inutile ?...

— Oui, nous avons pris la position, fit le commandant d'une voix coupée par les sanglots, d'une voix qu'il s'efforçait de rendre rude.

Et, essuyant du revers de la main deux grosses larmes qui, s'échappant de ses yeux, roulaient sur ses joues basanées, il ajouta encore, cherchant à sourire au vieux brave :

— Vois, là-bas, nos prisonniers !

Zéphirin eut un éclair dans les yeux... et il reprit, au milieu de ses hoquets :

— Tant mieux... Célestin et moi, nous nous endormirons tranquilles.

Il essaya de crier : Vive la France ! mais dans sa gorge la voix s'éteignit, ses mains convulsées se crispèrent au corps de son enfant et il retomba, le corps en terre, mais l'âme en haut, dans l'*Elysée des braves*, avec celle de celui qu'il avait tant aimé... l'héroïque petit Célestin.

Tous deux étaient morts, morts pour la France,

morts pour ses succès, en vrais fils de l'Alsace, l'Alsace, cette amante de la terre française, de la Patrie, à laquelle elle s'était donnée volontairement dans les grands jours *de la Révolution*. Oui, tous deux étaient morts, en héros triomphants.

> Mais ils vivront toujours chez ceux qui resteront :
> Dans le cœur des guerriers, des jeunes qui se lèvent.
> Ils seront un exemple ; et, nos enfants qui rêvent
> De la **Revanche** un jour pour laver un affront,
> En pensant à l'enfant, se souvenant du père,
> Comme eux voudront mourir au nom du beau pays.
> Du drapeau révéré dont l'ombre de ses plis
> Abrite la Victoire...
>   N'oublions !... Qu'on espère !...

L'HÉROÏQUE VEUVE
DU FRANC-TIREUR

UNE MARTYRE D'ALSACE

Phot. Alph. Marc.

O. LEVECQ

Capitaine d'Éclaireurs (1870-71)

Président général de la Société Nationale de Retraites

Les Vétérans des Armées de Terre et de Mer 1870-71

Fondée à Paris, en 1893, pour la France, ses Colonies et nos anciens soldats résidant à l'étranger.

L'HÉROÏQUE VEUVE
DU FRANC-TIREUR

UNE MARTYRE D'ALSACE

Pour M. O. LEVECQ,
*Président Général de la Société
« Les Vétérans 1870-71 ».
Hommage et témoignage de
reconnaissance à
l'ancien Capitaine d'Eclaireurs.*

MAGDELEINE

Grande, sublime et belle, elle avait en son cœur
Les deux grandes vertus ennoblissant son âme :
L'amour pour son pays qu'elle voulait vainqueur,
L'amour qui, d'une fleur, sait nous créer la femme !...
. . . .
L'âme de l'héroïne est toujours avec nous,
Grand souffle et voix d'en haut, nous redisant : — « QUAND
« Je veillerai, soldats, je veillerai sur vous,   [MÊME ! »
« Sur vous, chers combattants ! Vous, que la Patrie aime,
« Vous qui nous vengerez : Moi... *Celui* que j'aimais,
« Qui mourut pour la France, au sein d'une fournaise !
« Sur vous plane mon âme... une âme bien française
« Qui vous crie en ce jour : « Ah ! N'OUBLIEZ JAMAIS !! »
« Non, non, n'oubliez pas notre Alsace meurtrie
« Et sa sœur la Lorraine !... *Elles*... leur sombre exil !...
« Pour dégermaniser, ah ! bravez tout péril !
« Ayez au cœur deux noms bien doux : AMOUR, PATRIE ! »

I

C'était, il m'en souvient, au beau pays chanté par Emile Erckmann et Alexandre Chatrian, dans le Bas-Rhin, à Danjoutin sous Belfort, Danjoutin dont la sanglante bataille a été si sublimement retracée dans un simple, mais vigoureux *sonnet*, par mon frère d'armes, le poète Joseph Berger, dans son livre **Les Lyonnisettes**.

C'était dans un hameau charmant, en bordure des bois de Bavilliers. Jean Herrhard — un beau gars — venait de terminer son congé aux chasseurs d'Afrique. C'est à dix-sept ans qu'il s'était engagé dans cette arme qu'il ambitionnait, parce que, dans les chasseurs d'Afrique, avait servi son père où, en qualité de maréchal des logis, il avait fait d'abord les campagnes contre Abd-El-Kader, le célèbre émir arabe. Après vingt-cinq années de loyaux services, Frédéric Herrhard s'était retiré dans ses foyers et, à quarante-six ans, avait pris femme. Sa poitrine était constellée de l'*Etoile des braves*, de la médaille militaire et de plusieurs autres médailles commémoratives. La royauté de Louis-Philippe l'avait fait combattant d'Afrique, l'Empire, héros de Crimée et d'Italie.

De retour à Danjoutin, il avait repris la culture, succédant dans la ferme à l'aïeul; et, comme je l'ai dit, il s'était marié, épousant sa cousine Jeanne-Magdeleine, une belle et robuste vierge qui l'avait attendu. — Que de vertu et d'amour en ces temps déjà loin de nous où la femme aimante savait faire patienter l'*amour* pur au bénéfice de la

Patrie. — Jeanne avait trente ans, mais comme elle était belle et vive en couleurs cette fleur d'Alsace. On sentait qu'un sang sain et généreux coulait dans ses veines.

Un an après naissait Jean, un beau gros garçon, qui promettait de vivre et qui fut baptisé aussi du prénom de sa mère et Frédéric de celui de son père.

L'enfant grandit à la ferme bercé par l'aïeul qui avait pour lui une tendresse qui touchait à l'idolâtrie ; à la ferme où le soldat s'était fait laboureur. Le petit Fritz, comme on l'appelait, dès qu'il avait commencé à comprendre, n'avait cessé d'admirer, en de longues contemplations, les décorations paternelles de même que les diplômes qu'il épelait avec joie.

Souvent, le soir, quand, après ses rudes travaux des champs, l'ancien chasseur d'Afrique prenait son fils sur ses genoux, l'enfant lui disait :

— Papa, quand je serai grand, je serai, moi aussi, chasseur d'Afrique comme toi ?

Le père riait, joyeux, embrassait le gamin et lui répondait :

— Tu as bien le temps, morveux, tu n'as pas encore dix ans.

— Et comme toi, reprenait l'enfant en frappant ses petites mains, sans s'occuper de la réponse de l'ancien soldat, mais poursuivant son idée, j'aurai beaucoup, beaucoup de médailles... et puis... la croix aussi ?

— Oui, mon enfant, disait le père, contemplant le bambin jaseur avec orgueil, tu seras soldat !

— Avec un beau dada et un pantalon rouge...

et des bottes... et un sabre... un grand sabre, pour couper la tête aux méchants ?

— Mais oui, mais oui, tu auras tout ça !

Et riant, après avoir reçu un nouveau baiser, l'enfant courait se cacher dans les jupes de sa mère, câlin, près de l'aïeul qui, de son fauteuil, le regardait avec amour et joie.

Mais si les étreintes du père et du fils étaient fortes et douces en parlant d'avenir, dans le cœur de la mère, ce même avenir, au lieu de faire luire l'espoir qui rend forte une âme, jetait des craintes. L'homme pleurait de joie, la femme versait des larmes d'amertume.

Mais le bonheur qui n'est qu'un éclair, par un éclair s'enfuit de cette demeure à la porte de laquelle la mort venait de frapper. L'aïeul s'éteignit, et Jeanne Herrhard, la belle fermière, au retour d'une longue journée de fenaison, fut frappée mortellement par la foudre, un soir.

Le vieux soldat devenait veuf. L'enfant n'avait plus de mère. Pour tous deux, du deuil et des larmes. Mais l'enfant, quand même, grandit fort et robuste, beau et plein d'énergie. — Après sa première communion, possédant à fond le rudiment du savoir profond, dû, non au magister du village, mais à sa grande intelligence — honneur de la nature — et don d'observation, Jean resta à la ferme pour tenir les comptes des ouvriers des champs dont il était le bien-aimé. Et ils étaient si fiers tous de l'appeler *le petit maître*.

Un jour, une calamité nouvelle vint se déchaîner sur la ferme. Un an s'était à peine écoulé depuis la mort de l'aïeul et de l'ange du foyer, que le feu prit à la métairie, réduisant les granges et l'habitation en cendres. Tout y passa. Le vieux soldat n'était pas assuré. C'était la ruine.

Alors Frédéric. malgré ses soixante-un ans — son fils en avait quatorze — dut se résigner à aller travailler chez les autres, à se mettre en service. Ce fut pénible, mais la destinée le voulait ainsi.

Trois années passèrent encore. On était en 1863. Jean avait dix-sept ans. Ne voulant pas transiger avec sa parole d'adolescent, grand et fort, fait aux fatigues, il contracta un engagement et partit dans le 1ᵉʳ régiment de chasseurs d'Afrique.

II

Fritz était un homme fait. Il venait de rentrer au foyer avec, comme son père autrefois. les galons de maréchal des logis. Son regret naissait de n'avoir pu faire campagne et de retrouver le vieux brave sans pouvoir, au moins, lui montrer une simple médaille commémorative.

Mais l'année 1870 venait de naître. Notre jeune homme, à l'exemple de son père qui n'avait pour vivre que sa modique pension de retraite et qu'il devait aider, ne prévoyant pas les événements terribles qui allaient fondre sur la France, s'était fait cultivateur.

Sans répugnance aucune, il prit la charrue, poussant du matin au soir. devant lui, le couple de grands bœufs qu'il aimait et choyait. Fort et courageux, il était fier de son nouvel état.

A la ferme où il était en gages, il fit la connaissance d'une jolie fille de dix-huit ans, blonde comme les épis de messidor, aux grands yeux bleus, aux lèvres pivoine, bluets et coquelicots qu'adorait Fritz en la fleur faite femme pour charmer, par la volonté de Dieu, notre ancien sous-officier.

Et lui aussi était beau, avec sa mâle tête brune, son visage hâlé au soleil africain, sa fière allure ; bien bâti malgré sa taille peu élevée, avec ses vingt-quatre ans et la régularité de ses traits.

Il aimait d'amour la chaste et pure Alsacienne qui, comme la mère de Fritz, par un caprice du sort, se prénommait Magdeleine.

Avril venait d'éclore, radieux. La nature en éveil par le gai renouveau, rendait aux sites agrestes, à la prairie, aux bois, leurs suaves senteurs.

Partout, dans les buissons et les haies bordant les chemins, de jeunes pousses, des fleurs tendres, frêles, des gazouillis d'oiseaux faisant leurs nids et répétant la douce chanson qui dit : *du temps d'aimer, c'est la saison* !

Oui, tout revenait à la vie, semblait aimer ce qu'est la vie elle-même, les humains, les oiseaux, les fleurs, les arbres, les papillons, les nids et les essaims. Sous les zéphirs caressants, les ruisselets de la forêt et de la vaste prairie qui s'étendait jusqu'aux eaux de la *Savoureuse* — petite rivière — avaient leurs murmures et les futaies leurs mélodies harmonieuses, tendre mélopée.

C'était l'hymne de la Nature, répété une fois de plus par le printemps. Fritz plein d'ardeur, un dimanche après la messe, se prit à dire à la timide et candide enfant qu'il adorait en l'entraînant sous bois, vers Bavilliers :

— Viens, Magdeleine. Donne-moi la main et allons courir les sentes. Donne-moi le soleil de ton regard qui resplendit dans l'azur de tes yeux, coin du ciel, miroir de ta belle âme. Allons au fond des bois où éclosent les fleurs nouvelles pour qu'on les cueille. Allons nous enivrer de chants de fauvettes et du parfum des humbles violettes et jasmins. J'en ornerai ton corsage... tes cheveux... A ton front, je mettrai le baiser qui lie et enchaîne les cœurs aimants. Viens !... Les cieux sont d'azur, comme tes yeux... comme le bleu du drapeau... Je contemplerai ta pâleur virginale de belle *Alsacienne*, chère blancheur, qu'aime admirer le soldat, en la suivant, comme s'il suivait le blanc étendard de Jeanne la bonne *Lorraine*, dont on fit le blanc de notre Drapeau. Viens! la pudeur met à ton front le rouge vif qui convient pour former nos trois sublimes couleurs que j'admire sur ton cher et doux visage ! Viens! entends l'amour que Dieu envoie au-devant de nous. Viens, il nous appelle. Oh! mon cœur, mon trésor, ma Magdeleine, viens !...

*
* *

Trois mois après ce jour, le village était en fête. Le sonneur de Danjoutin — de la petite église — avait mis ses plus beaux habits et le père Herrhard ses décorations. Les carillons joyeux s'égrenaient dans l'espace, et les gens de Bavilliers, de Beaucourt, de Danjoutin, voire même quelques personnes de Belfort et des alentours avaient du bonheur dans les yeux.

Dans l'auberge des frères Millet, près du pont,

sur la pelouse, au bord de la Savoureuse, au son des violons, on dansait, on chantait.

Les femmes et les jeunes filles étaient toutes parées de leurs plus beaux atours ; les gars avaient fleuri leur boutonnière. Les ménétriers avaient mis des fleurs et des rubans à leurs violons et à leurs chapeaux.

Du beau Fritz et de la jolie Magdeleine, c'était le mariage !

. . . .

Laissons-les à leur bonheur et à leurs rêves d'espérance, à ce nectar d'amour qu'ils vont boire à longs traits, sans songer à ce futur sanglant pour lequel le plus grand des poètes du XIX⁰ siècle a écrit **L'Année Terrible**, et qui allait se manifester dans toute son horreur.

III

Elle vint, cette guerre !

Bismarck, le farouche chancelier allemand, — Prussien faiseur d'empire, en l'*an pire* — le chancelier de fer, ayant falsifié la dépêche d'Ems, Napoléon III, grisé par les victoires de Crimée, d'Italie, de Chine — ne parlons pas du Mexique, là, déjà, on avait senti la main néfaste de celui qui, plus tard, devait livrer *Metz-la-Pucelle* et ses défenseurs, d'un des fils de Judas Iscariote : Bazaine — l'empereur, disons-nous, naïf et aveuglé par les succès que de vaillantes troupes avaient assurés à ses aigles, déclarait la guerre au vieux roi de Prusse, Guillaume I*er*, successeur au trône de Berlin, du vaincu de Valmy.

Ah! mes souvenirs!... Oh! ce 15 juillet 1870!... On croyait alors qu'on vaincrait comme dans la nuit du 19 au 20 septembre 1792, que je retrace en terminant ce modeste journal d'un soldat, d'après une histoire d'un ami de mon grand-père, qui, le vieux brave, me raconta la sublime journée de Valmy, conte que je dédie, moi, chétif, petit combattant de Gravelotte et de Belfort, à mon cher ami et ancien capitaine. M. Armand de La Loyère, un héros du grand siège. Oui, héros, avec le commandant Gelly et le lieutenant J. Gingembre qui, ce dernier, avec ses francs-tireurs, défendirent le village de Danjoutin, maison par maison, pierre à pierre contre des forces ennemies qui nous étaient vingt fois supérieures en nombre... Ah! combien de braves tombèrent là, dans l'affreuse mêlée, sous les balles de nos ennemis, éclairés en cette nuit terrible du 7 au 8 janvier 1871 par les lueurs des incendies allumés par le banditisme allemand.

. . . .

Oui, elle vint, la guerre, escortée de Sa Majesté la Mort, sombreuse faucheuse impitoyable de héros, de vaillants et de génies... Il fallait, par les hécatombes, emplir les charniers humains de son empire maudit. Il fallait que le sang coule... Il coula !

. . . .

Et pourtant, chacun espérait vaincre. On avait si vaillamment répondu à la voix du canon d'alarme. — Et puis, on l'avait déclaré... il ne manquait pas un bouton de guêtre. — Et les plis de notre trinité française, les nobles *trois couleurs* du

Labarum sacré, plaçaient l'assurance dans tous les cœurs du peuple... qui s'était fait soldat !

Mais, l'incurie, l'impéritie, la trahison veillaient. Alors, l'ange de la Victoire se voila la face... et, avec la Gloire, passa au camp de nos plus terribles ennemis, les Teutons, qui se vengèrent cruellement d'Ulm et d'Iéna... soixante-quatre ans après 1806.

A Wœrth-Freschwillers et Reichshoffen, hélas ! le sort de nos armes fut contraire et, à la place des blés murs qui devaient tomber en andains sous la faucille du moissonneur alsacien, ce furent nos soldats qui tombèrent, frappés par le nombre des Allemands coalisés ! mais c'était pour toi, France !...

Oh ! quel stoïcisme devant la mort ! Quel mépris du trépas !

Oh ! vaillants combattants, quel courage surhumain et quel sang bouillonnait dans vos veines lorsque le carré s'ouvrant faisait place, dans la lutte inégale, à la charge à la baïonnette !...

— Confiance ! oui, confiance, amis lecteurs et frères d'armes ! on aura *la revanche* et nos glorieux morts seront vengés un jour... Souvenons-nous. Quand même ! et que notre devise devienne : *Oublier... jamais !...*

Ah ! Lorsqu'on entendra le canon dans la plaine,
Pour reprendre au vainqueur l'Alsace et la Lorraine,
Chers fils et chers neveux, ah ! soyez avec nous
Pour forcer l'Allemand à se mettre à genoux !
Nos morts se lèveront, ils perceront la pierre
De leurs tombeaux... et fiers, secouant leur poussière,
On les verra revivre et suivre nos tambours !
Nous marcherons comme eux... nous, enfants des fau-
[bourgs,

Criant : Vive la France ! Et, prêts pour la réplique,
Vrais fils de notre aimée et chère République,
Tous, Soldats valeureux... au bruit du canon sourd,
Délivrerons nos sœurs... leurs villes, Metz, Strasbourg !...
L'âme de nos héros viendra dans la fournaise
Pour guider tous nos pas... Avec la *Marseillaise*,
La Victoire en Alsace, en le pays Lorrain,
Portera nos drapeaux bien au delà du Rhin !
La Patrie intégrale... oui, voilà l'espérance...
Vivons pour *Elle*, enfants... Vivons pour notre France !

. . . .

Mais revenons à notre récit.

Après le soir du 18 août, après la victoire française du 16 dans les plaines de Gravelotte sous Metz, après l'horrible et désastreux Saint-Privat où la lutte avait été terrible, meurtrière et sanglante... Après Sedan et Bazeilles vinrent les capitulations.

Mais Belfort, avec Denfert-Rochereau, stoïquement secondé par ses petits soldats, — presque des enfants, *ses chers moblots*, comme les appelait l'héroïque et regretté Denfert-Rochereau — tenait toujours et défiait l'armée puissante assiégeant la place, armée de brigands commandée par Treskow.

Nous sommes à Danjoutin, dans la nuit du 7 au 8 janvier 1871, nous retrouverons Magdeleine criant à son cher et beau Fritz, son mari bien-aimé, les yeux pleins de terreur, exaspérée :

« Oh ! mon Fritz !... Ils ont brûlé notre chaumière !... Ils ont... fusillé ton vieux père qu'ils ont pris les armes à la main ! Vois là-bas, la foule armée qui court vers les bois !... Viens !... Viens !...

Le jeune homme était livide. Il donna un baiser

à sa jeune femme, leva les yeux au ciel et sombrement lui répondit :

— Femme, en me sacrifiant pour la Patrie, je veux venger mon père !

Donne-moi mes armes et la Croix d'Honneur de celui qui nous fut si cher !... Oh ! protéger ses restes et venger sa mémoire, quelle satisfaction !...

— Mais ils ont tout pris, ô Fritz ! Tu n'as plus d'armes ! Je me suis enfuie, folle. Les Allemands ! tuent, pillent, brûlent, violent. Le maire, le curé et le maître d'école sont en otages, la commune rançonnée, la sœur Félicie, de l'ambulance, n'a pu les arrêter, les bandits ! L'image du Christ, ce signe de paix, de rédemption, n'a pu les apaiser, atténuer leur fureur sauvage !... Les misérables !... Ils ont achevé les blessés, tout brûlé ! Et le village déserté est affreux à voir !...

Fritz ramassa le fusil d'un mort et sa musette pleine de cartouches et courut vers le lieu du combat.

Danjoutin arraché aux mains de ses défenseurs, pour la plupart tués ou blessés, n'est plus qu'un foyer ardent sur lequel le ciel grisaille, rougeoie sinistre. Partout du sang ; de tous côtés des cadavres, des râles, des sanglots de désespoir, des cris de rage impuissante et d'âcres odeurs !... c'est terrifiant !...

C'est le mur du vieux cimetière villageois qui entoure la petite église. Un homme est tombé là, convulsé, grimaçant dans la boue sanglante sur la couche de neige, semblant défier encore dans la mort. Fritz, dont le premier fusil a été brisé dans le combat, prend cette seconde arme inactive, et ce brave fils de brave s'embusque et continue à combattre avec bravoure et acharnement, portant la mort dans les rangs ennemis.

Auprès de lui Magdeleine l'encourage de sa voix et du geste. Elle est debout, superbe. On la prendrait pour une Bellone exaltée.

Mais un éclair au sein des éclairs raie la fumée, déchire les voiles de la nuit, une détonation prolongée, ébranlant les échos d'alentour succède, et Fritz tourne sur lui-même, puis tombe en terre, dans un blasphème, pour ne plus se relever, aux pieds de sa femme qui ramasse son arme pour essayer de le venger. Il est mort pour la France, le cœur percé par un projectile prussien.

V

Magdeleine a été faite prisonnière sur le champ de bataille.

Le matin, belle et fière, le front haut, les yeux démesurément ouverts et sans larmes, le visage pâle, au milieu d'un peloton ennemi, elle arrive au seuil de la maison, de l'auberge où a été célébré le festin de ses noces au temps de paix. Là, dans cette habitation si joyeuse aux jours d'antan, se tient l'officier allemand, commandant une bande de reîtres...

On la pousse brutalement à l'intérieur enfumé de tabac, aux odeurs d'alcool et d'haleines d'hommes ivres. Elle entre, l'officier la regarde,

— Oh ! la belle fille ! exclame en riant d'un rire infernal et lascif celui-ci, avec cet accent tudesque que je n'orthographierai, pas par répugnance.

— C'est une femme qui combattait, prononce un sous-officier prussien.

— Bravo alors ! conclut l'officier... C'est de bonne prise !

Il s'avança vers la stoïque jeune femme, veuve d'un héros, et osa lui prendre le menton. Ce fut un orage dans le cœur de l'Alsacienne. Ne pouvant repousser de ses mains liées derrière le dos celui qui l'outrageait, Magdeleine se dresse frémissante devant l'insulteur qu'elle foudroie du regard et lui crache au visage avec haine et mépris...

— Lâche ! lâche ! lui crie-t-elle, vous n'êtes pas un soldat, mais un infâme ! Fusillez-moi, je suis la veuve d'un franc-tireur... d'un brave qui a frappé tes bandits... Oui, fusillez-moi à présent, et vive la France et l'Alsace hors de vos mains maudites !...

Le monstre teuton rugit. Il repousse Magdeleine qu'on entraîne. Un moment après, adossée contre un mur fumant et en ruines, l'héroïque jeune femme tomba fusillée, digne de son Fritz, en Française.

VI

Ah ! chers frères d'armes, depuis plus d'un quart de siècle, le fait est accompli...

Trois héros alsaciens, un vieillard stoïque, son fils et une jeune femme digne des temps héroïques,

SOUVENIR

A CEUX DE BELFORT (1870-1871)

sont descendus dans la tombe, par ceux que nous assujettirons à l'heure de la *Revanche*.

En allant en pieux pèlerinage, le 6 avril 1896, durant les fêtes commémoratives de Belfort, restée l'invaincue, j'ai pu retrouver la tombe de ceux dont la mémoire ne meurt pas, — qui tombe en la mêlée, à l'ombre des plis du drapeau de notre France, est immortel. J'ai revu ces sombres lieux où j'étais tombé moi-même en combattant, j'ai revu, dans le modeste cimetière du village resté français, les petites croix funéraires, les croix de pierre. A Belfort, le monument élevé dans le *cimetière des Mobiles* à la mémoire des héros disparus. En déposant ma couronne, à Danjoutin, je suis resté longtemps songeur et le front découvert devant une de ces croix de pierre dont je parle plus haut. De cette croix, autour de laquelle poussaient tout à leur aise les ronces, les rosiers épineux avec leurs longs rejetons ou tiges naturelles, à mon approche, un gai chanteur, un joli chardonneret s'envola, comme surpris de la visite de l'intrus — *moi* — qui venait troubler au milieu du recueil et de l'isolement, son chant de berceur d'âmes de héros *oubliés*, profaner sa solitude. Sur cette croix, où l'oiseau semblait déchiffrer son chant et céleste et terrestre, je lus... quoi ?... rien !... aucun nom... une seule inscription : « Spes in deum, 1870-1871 ! Quelqu'un m'apprit que mes héros dormaient là. Alors, je me découvris et tombai à genoux...... et le cœur ulcéré, l'âme meurtrie, je m'écriai : « Ah ! Souvenir ! O Croix ! Vous me parlez ! Et tout bas... je finissais d'exprimer ma pensée... Signe de rédemption .. Tu es élevé à **ceux de Belfort** !... Je vis à travers mes larmes, parmi les herbes et les ronces, les trois fleurs symbolisant le Drapeau :

Coquelicots, Bluets
et les blanches Marguerites

formant *les trois couleurs*, les trois couleurs, faites fleurs embaumantes sous lesquelles reposent depuis un quart de siècle deux anciens chasseurs d'Afrique et une vraie fille de France (1).

Ces fleurs et cette croix sur cette tombe oubliée m'ont dit : « *Espérance en l'Avenir !*

---

(1) Vieux soldats, enfants de France, vous qui rêvez avec nous un territoire redevenu intégral, faites lire mon livre de nouvelles authentiques aux petits, aux adolescents:.. il en dira, en ses pages vécues par le soldat qui vous parle, par le pauvre *oublié de Belfort*, plus que bien des discours... Oui, répétez avec celui auquel je dédie cette nouvelle, avec le capitaine d'éclaireurs, O. Levecq, cette fière devise, sœur du bleu myosotis: *Oublier... Jamais!*... qui fait la gloire des vétérans !

M. le Capitaine Raoul PROT
Secrétaire Général
et Président de la XIVᵉ Section de la Société Nationale de Retraites
Les Vétérans des Armées de Terre et de Mer 1870-71

LA
RÉVOLTE DU BLESSÉ

LE PRISONNIER DE GUERRE

LA
RÉVOLTE DU BLESSÉ

LE PRISONNIER DE GUERRE

Pour mon bien cher ami,
le Capitaine Raoul Prot

J'étais tombé, moi aussi, à Danjoutin sous Belort, dans la terrible nuit du 7 au 8 janvier 1871, où périrent tant de modestes héros qui, tous, avaient combattu avec bravoure et dans le cœur l'espérance de *renverser les superbes*, les vainqueurs, grâce à la trahison. Je l'ai dit.

Oui, nous voulions tous, à Belfort, nous servir, pour les Allemands coalisés, obéissant à la Prusse dans son œuvre du mal, rendre vraisemblable la devise dont Virgile se servait pour couvrir l'ambition romaine : — « *Debellare superbos* ».

Le choc avait été terrible, inénarrable... Dans les rangs des assiégeants on s'apercevait du coup de griffe du lion... Mais hélas! le lion était blessé et sa famille de lionceaux presque anéantie... Combien gisaient dans la boue des chemins, morts?

La neige tombait, comme pour offrir un froid et blanc linceul, à tous ceux qui ne devaient plus revoir le foyer, où attendaient : un vieux père, une mère désolée, une douce sœur éplorée, un petit frère inconscient pleurant de voir couler les larmes de ceux qui voyait pleurer, enfin, une chère fiancée.

De ma pauvre section, il ne restait que quinze hommes vivants dont deux seulement, Litot et Matillon, n'avaient pas été blessés.

Couvert de blessures d'armes à feu et d'armes blanches, j'étais tombé... Je ne sentais plus ma souffrance, le coma s'était emparé de mon être, ma pensée semblait s'être envolée... et pourtant mon âme ne s'était point exhalée... Je devais vivre pour connaître d'autres luttes, luttes terribles aussi, celles de la vie... pour supporter les attaques des méchants et boire le fiel empoisonné de la coupe des amertumes, filles de la désillusion et sœurs des rancœurs qui jettent trop souvent, hélas ! par l'envie, la jalousie qui créent la sombre calomnie qui tue, dans le gouffre profond, insondable du désespoir tant d'âmes pures.

J'étais là, couché entre les morts et les pauvres blessés auxquels il restait encore une parcelle de raison ; appelant l'instinct, de la conservation et assez de force encore pour crier et faire entendre leurs appels désespérés.

Je fus ramassé par les brancardiers ennemis... et, un matin, je me réveillais dans un grand lit blanc auprès de cinq autres lits semblables dans une immense salle aux lambris dorés.

Où suis-je ? fut ma première pensée

Près de moi, j'eus le bonheur de reconnaître

deux visages amis dont je parlerai au cours de ce récit.

J'appris que j'étais prisonnier de guerre et dangereusement blessé. Blessé.., c'est-à-dire impuissant... Prisonnier de guerre, c'est-à-dire vaincu !

Ah ! mes révoltes !... Alors dans ma pensée repassa toute ma vie, et je crus aussi, en me voyant là, que nos luttes et nos efforts avaient été inutiles... Mais sur ce dernier chapitre, je fus bientôt rassuré par mes deux amis. Belfort n'avait succombé; la vaillante cité continuait la lutte acharnée pour son indépendance de Vierge et l'honneur du Drapeau; cette belle étoffe dont sa mère la France avait fait sa robe des grands et glorieux jours... Il ne restait plus alors en son entier qu'un morceau bien résistant encore, de cette belle robe tissée par la Gloire et le Succès et donnée par la Victoire. Ce morceau c'était Belfort, tenu ferme par l'héroïque **Denfert**, pendant que la Patrie assise sur des ruines fumantes, pleurait des larmes de sang sur ses enfants morts. Son épée brisée en main, elle contemplait avec terreur ses plaies béantes sous les lambeaux souillés par les Teutons, les lambeaux de sa belle robe déchirée...

Ah! cette vision ! Comme je me pris à regretter de vivre encore.

Quelques jours s'écoulèrent, j'avais des idées de vengeance et dans mon grand lit de l'ambulance du château du Grand-Duc, à Carlsruhe (Grand Duché de Bade) sans cesse je cherchais une occasion de me révolter. Cette occasion s'offrit à moi... Je vais la faire connaître à mes lecteurs en retraçant, ici, la lettre que j'écrivis à ma fiancée, le 15 février 1871. Correspondance d'un prisonnier de guerre, d'un triste et sombre blessé :

Chère Marie,

Votre lettre du deux courant, bien que très réduite par la copie communiquée des autorités allemandes — tout ce qui n'a pas rapport aux affaires de famille, à la santé, est inexorablement biffé — ne donne pas de nouvelles de la chère Patrie... ou de fausses, ajoutées à dessein pour nous humilier et nous désespérer davantage. Aucun journal ne nous parvient ; nous sommes condamnés à ne rien apprendre. On nous donne bien un journal imprimé en français : *La Correspondance de Berlin*, mais c'est un organe menteur, un organe allemand, fait tout exprès pour décourager les prisonniers et tuer en eux toute idée d'espérance. Dans les colonnes de la feuille des complices de Bismarck, toujours les Français sont vaincus, avec des pertes considérables, alors que les Allemands coalisés, dans des combats longs et périlleux, n'enregistrent que deux ou trois hommes morts et quelques blessés seulement.

Les Français, dit la feuille, se sauvent de toutes parts, jetant leurs armes.

C'est écœurant !

Chaque jour, nous entendons le canon de la forteresse qui signale quelque nouvelle victoire de nos ennemis... et leurs infirmiers viennent à nous, pauvres blessés, avec le sourire aux lèvres, nous disant :

— Paris, capout !... Paris, capout !...

Hier, cependant, nous avions des nouvelles —

de tristes, de déplorables — par un jeune officier des mobiles de Louan (Saône-et-Loire), M. Sicard, arrivé malade de Rastadt et devant être soigné dans notre ambulance.

Les prisonniers, nous assure-t-il, sont fort maltraités, ils passent les nuits à l'injure du temps, par bandes, sur les routes, dans la boue, comme des animaux, mourant de fatigue et de faim ; les blessés succombant faute de soins ; quand l'un d'eux tombe exténué, un ignoble soudard, véritable reître, bien digne du maître, le gros mangeur Bismarck, prince des tueries, lui crie : — « *Auf! Auf! Vorwoerts! Vorwoerts!*

On remet le martyr tombé sur ses jambes, et, si elles ne peuvent le soutenir — il ne faut pas d'objets gênants dans les convois de prisonniers. — On le finit à grands coups de pieds, quand on n'emploie pas la crosse du fusil ou la baïonnette. — Magnanimités tudesques. — Il paraît que les routes fourmillent de malheureux captifs abandonnés, malades que l'on assomme parce qu'ils ne peuvent trouver la robusticité nécessaire pour marcher pendant de longues journées dans le troupeau.

Mais assez ! tout cela me révolte !... et je regrette de n'avoir pas succombé sur la terre d'Alsace où je suis tombé mutilé ; terre que j'ai défendue, comme tant d'autres, avec bravoure, je vous le jure, voulant faire honneur à mon vieux soldat de père, que, devenu homme, moi, l'*enfant perdu* tout d'abord, j'ai eu le bonheur de retrouver.

Nous sommes arrivés ici plusieurs blessés ensemble, venant des ambulances de Mulhouse, Colmar et Strasbourg, le 10 février — souvenez-vous de cette date — à onze heures quarante-cinq du soir, par un gros temps de neige.

On nous a installés dans une aile du magnifique château du grand-duc de Bade, château transformé en ambulance militaire. Nous sommes assez bien soignés. — Mais, ô Marie! n'est-il pas préférable de s'éteindre sur la terre française que de vivre dans l'exil loin de la Patrie ? — Nos infirmiers, pour être des Badois, ne sont pas par trop brutes, grâce au médecin en chef qui ne permet aucune infraction. Avec lui, Français et Allemands blessés reçoivent, dans son service, une part égale de soins.

Le médecin en chef est un grand vieillard, à la tête blanche, aux traits presque sympathiques, malgré sa coiffure et son uniforme prussien.

Il cause souvent avec nous, en français, sans presque d'accent. Dans ses entretiens, il nous assure déplorer les horreurs de la guerre et les bizarreries du hazard qui nous a remis entre ses mains.

Hier, dans une nouvelle conversation pour ainsi dire intime avec mes deux amis et moi, il nous a raconté ses malheurs :

Polonais de naissance il a servi, nous dit-il autrefois la France, sous Louis-Philippe, et participé à la conquête de l'Algérie. — Son pays annexé à la Prusse, dans le partage fait entre les trois puissances : Russie, Autriche et Prusse, subit le joug malgré lui de la germanisation.

Avant de venir à Carlsruhe, il était, depuis 1866, major-chef à l'hôpital militaire de Rastadt, ville forte du Grand-Duché — la ville des congrès (1713-1714), fin de la guerre de la succession d'Espagne (1797-1799), paix entre la France victorieuse et la Prusse vaincue.

Je suis ici peu surveillé et assez libre, ce qui me permet, sans trop de fatigues, de parler et de dicter mes lettres, bien que très faible au physique et très abattu encore au moral. Je vais cependant beaucoup mieux ; avec de grands soins et des précautions, me faisant violence pour étouffer mes sentiments — sans cesse renaissants de révolte — peut-être me rétablirai-je ?

Ah ! chère fiancée, pardonnez à ce qui va suivre, à ce que votre cœur comprendra, ô noble fille de France, fille et sœur de soldats !

Oui, dussé-je vous perdre, vous, mon espoir en cette vie, vous, mon culte dans ma religion d'*Amour et Patrie* ; dussé-je perdre ma vie à laquelle je tiens peu sans ma France et vous, *mes deux idoles*, je ne veux point courber la tête devant l'Allemand, ni baisser les yeux que j'ai tenus grands ouverts pendant les combats, riant et bravant la mitraille assassine.

Non, je n'entends pas me courber, même une minute, devant nos égorgeurs qui ne m'ont point vaincu, mais volé — mon être inconscient et insensible — me ravissant, pauvre blessé, à *Sa Majesté la Mort*, parfois juste, en abrégeant les douleurs des blessés et des trop souffrants ; et aussi, des tristes miséreux trop désespérés..... L'agonie, sachez-le, est un martyre à nul autre pareil... Et la mienne, avec ses révoltes, est inénarrable et tient de l'incompréhensible. Vivre dans l'exil, loin de tout ce qu'on aime, exaspère..., la mort est cent fois préférable à ce supplice d'un cœur patriote et amou-**reux**.

Oui, Marie, les Teutons, — si je dois rester ici, — ont mal fait de me ravir à la mort que j'avais su braver les armes en mains à la tête de mes chers frères d'armes ; à la mort qui, déjà, lentement, me berçant dans mon lit de neige, sur la terre glacée, arrosée de mon sang jeune et chaud, me prenait, afin de m'éviter de voir tant d'horreurs, cherchant à m'endormir tout à fait..., et pour l'éternité.

Ah! qu'il a été pénible, mon réveil, mon réveil de prisonnier de guerre !

. . . .

J'ai fait écrire à tort le mot : *Carlsruhe*, en tête de ma longue missive ; je n'y suis plus... Cette lettre, il est vrai, a été commencée sous ma dictée, en cette ville, par mon ami Pierre Pannier, après la visite que nous reçûmes de la reine Augusta de Prusse, du grand-duc de Bade et de leur suite.

Comble de l'ironie et bien triste honneur pour nous Français que cette visite qui réjouissait les blessés allemands.

La nouvelle impératrice était accompagnée des dames notables, des nobles du grand duché, d'officiers, du directeur du *lazaret* et des docteurs de cette ambulance.

Quand la souveraine entra, Pierre Pannier, Jules Canonges et moi, nous étions occupés à écrire. Devant l'ordre donné, Canonges — le poète-soldat — me passa le papier que je plaçai entre mon drap de lit et la couverture.

Hélas ! bien que notre mouvement ait été prompt, il avait été aperçu et compris.

La femme de Guillaume venait de s'approcher de ma couchette de fer dont Pannier et Canonges s'étaient éloignés pour se mettre, comme tous ceux qui pouvaient tenir debout, à la tête de leur lit et dans une attitude militaire.

Appelant à elle les porteuses de corbeilles, manettes emplies de bibelots divers ; courtoisement, avec le sourire aux lèvres — sourire de circonstance — la compagne de celui qui venait de ramasser dans la boue et le sang sa couronne d'empereur, et qui, se faisant, grâce à Bismarck, des vassaux des roitelets et princes allemands, jouait, à Versailles, au Charlemagne, faisant verser sur son front de fantôme sanguinaire, pourvoyeur de la mort, après les odieux massacres..., tous les parfums du sacre, au son des hymnes wagnériennes et cacophonies des cuivres de la musique allemande.

Cette femme, ô Marie !... vint tout près de moi. Que de dégoût en mon âme ! de rage !... Mais ma résolution était prise... Je vous disais adieu.

Une idée infernale venait de germer dans mon cerveau, j'allais me venger en humiliant cette femme toute puissante.

Elle m'offrit une énorme pipe allemande en porcelaine, sur laquelle je distinguai le portrait — tête coiffée du casque à pointe ceint des verts lauriers de la victoire — de son sanguinaire époux...

Avec la pipe volumineuse, on posait sur la couverture de ma couchette des paquets de tabac, des cigarettes et quelques pièces d'argent (*thalers*).

Que se passa-t-il en moi ?...

J'étais pâle... Je fermai un instant les yeux et les rouvris aussitôt...

Alors, me roidissant, me faisant violence, parun effort surprenant, je me mis sur mon séant ; et, à l'étonnement de tous, *révolté*, fou de rage, je jetai tout sur les dalles de la salle où vint se briser la pipe, dont le kaolin, coupable à mes yeux, retenait le portrait du vieillard massacreur et triste conquérant.

J'entendis, autour de moi, un cri général parti à l'unisson de toutes les poitrines ; je lus sur tous les visages et dans tous les yeux un sentiment de stupeur... et, le silence succéda à cette scène inattendue de tous.

J'étais fier et heureux... Une fois de plus, je vengeais notre chère Patrie meurtrie, notre Mère frappée, outragée par les bandes de reîtres, dignes descendants de *Genséric*.

. . . .

Ah ! pourquoi, en France, ne s'était-il point trouvé un nouveau *Bélisaire*, pour détruire et refouler au delà du Rhin les hordes barbares, comme le fit ce héros des temps antiques sur la terre africaine ?

Lui, n'avait-il pas combattu, anéanti cette bande de pillards effrontés, qui, partie des bords de la Baltique, était venue s'établir dans la Dacie (IIIe siècle) et envahissait la Gaule en 406, s'arrêtant en Espagne pour passer en Afrique, sous la conduite du *de Moltke* de l'époque, le chef que j'ai nommé, lequel ravagea, comme les soldats de Guillaume ravagent notre France en pleurs et en deuil, tout le nord de la partie du monde où aujourd'hui sont nos belles possessions africaines.

Ces Vandales aiment fonder des empires ! Genséric vint en fonder un, tout comme le malin faussaire, le hardi chef des fusilleurs voleurs de pendules Bismarck. Mais, pour Genséric, Bélisaire veillait, comme sut veiller *Denfert-Rochereau* à Belfort.

Genséric s'éteignait en 477 ; et, en 534, Bélisaire détruisait son œuvre !...

Donc, exemple et espoir !...

Guillaume, aussi, est maintenant empereur !

Je le répète, cette couronne dont il vient de ceindre son front, il l'a ramassée dans la boue et le sang. Son trône est échafaudé sur des morceaux de cadavres et sur des ruines fumantes. Tout cela est l'œuvre de Bismarck et d'un Bazaine.

Ah ! comme il doit lui peser, ce diadème d'infamie, au vieux roi !

> Ah ! qu'il soit le carcan de ce vieillard sans cœur,
> Et chaînes, les lauriers du sinistre vainqueur
> Bon pour le pilori... L'impartiale Histoire
> Sait juger et les rois et les peuples sans gloire !

Et tous ses nouveaux vassaux allemands, ses coalisés qui se sont faits nos égorgeurs pour lui plaire ?... Ce sont, comme nous, des prisonniers... qui se sont enchaînés inconsciemment, follement, aux destinées de la Prusse dont bientôt ils ressentiront les rigueurs de la puissante et martyrisante férule. Grisés par la victoire facile, nul d'eux ne s'aperçoit que la lourde et dure main du chancelier de fer qui veut l'unification de l'Allemagne pèse sur eux tous, pour mieux les égorger au moment venu. Ils oublient trop les leçons du passé encore tous près d'eux : Guillaume alliant la Prusse à l'Autriche pour écraser le Danemark ; puis, retournant ensuite ses armes contre son allié, à peine deux ans après, l'écrasant à son tour à Sadova. Ils oublient, ces princes allemands à la remorque du Prussien, qu'ils sont des dépouillés du pouvoir souverain. Que les peuples, les nations tour à tour, subissent leurs humiliations après les jours de gloire ; que chaque grand capitaine *a son épée* comme le disait Bonaparte premier consul, visitant, victorieux, le tombeau de Frédéric le Grand, Frédéric II, roi de Prusse. Non !... on n'autorise pas en vain l'assassinat des non-belligérants, des blessés et des prisonniers ; on ne tolère point toutes les infamies : l'incendie pour, à ses lueurs sinistres, favoriser le vol et le viol !...

Ce défi nous a été jeté, et, tôt ou tard — c'est ce qui me console de mourir — nos fils et nos neveux se rappelant le : *Oublier... Jamais !* déchireront les traités... et, comme nos pères victorieux de 1792 et de 1806, se répandront sur tout le territoire allemand, chantant le *Chant du Départ* et la *Marseillaise* qui électrisent et donnent du cœur aux plus timides ; vengeront nos injures d'aujourd'hui en reprenant le Rhin et ses deux rives, le Rhin qu'ils osent nous dire perdu pour nous, comme osait l'assurer le rimailleur teuton Becker.

Oui, la race future se lèvera triomphante et forte... Sur les bataillons et les escadrons français combattant sous les plis du labarum sacré, planera l'âme du poète des *Nuits* et de *Rolla*, du doux penseur qui fit *La Confession d'un enfant du Siècle*... Les échos se réjouiront du bruit des armes, du tonnerre de nos canons, couvert par le chant d'Alfred de Musset, de mémoire impérissable :

> Nous l'avons eu, votre Rhin allemand :
> Il a tenu dans notre verre...

. . . .

Mais je vois, chère fiancée, qu'emporté par ma fougue, je m'éloigne du but, qui était de vous raconter comment un Français se venge de ses ennemis, de ceux de sa Patrie.

Je vous disais donc que la majesté allemande venait de subir mon outrage. Avant de m'offrir les objets en question, repoussés par moi, restant éparpillés sur les dalles de l'immense salle, sans que nul ne songeât, au milieu de la consternation qui régnait, à les ramasser, la reine s'était approchée de mon lit pour y lire la pancarte, rédigée en allemand, qui disait mes blessures, mon grade et l'endroit où j'avais été ramassé.

Toujours souriante, elle venait de prononcer, en me fixant avec attention :

— Ah! c'est un jeune *gefreite* des combattants de Belfort... Très bien !... C'est une ville qui s'est bien tenue, de bons et braves soldats avec un chef comme nous en désirerions beaucoup chez nous. — Nous l'avons dit à notre général Von Tresskow II.

Et, se rapprochant davantage, accentuant son sourire, elle ajouta :

— « Honneur au courage malheureux !... Mon« sieur, faites-nous le plaisir d'accepter ces quel« ques minimes choses... Le docteur de votre ser« vice m'a assuré que vous êtes un fervent

« amant des Muses ?... Je vous ferai remettre de
« quoi lire et vous distraire selon vos goûts.
« Nous avons, nous aussi, dans notre poétique
« Allemagne, de très bons auteurs traduits en
« français... J'ai donné des ordres pour qu'on
« vous apporte, sitôt après mon départ, quelques-
« uns de ces bons livres que vous apprécierez sans
« aucun doute. »

J'avais tout d'abord gardé le silence. Feignant un malaise, je m'étais recouché.

Je souffrais beaucoup en ce moment, mais plus au moral qu'au physique. Je pensais à vous, ô Marie ! à votre lettre : — « *Soyez bien sage !* » avez-vous écrit.

Mais pouvais-je prévoir..., m'attendre à une chose pareille, à une visite aussi ridicule qu'inattendue pour des blessés, des prisonniers de guerre français ? Ce moment avait été pour moi plus terrible que ceux de la bataille.

La souveraine m'observait. Elle semblait étonnée de mon mutisme à son égard. Cependant elle fit déposer ses cadeaux sur la couverture de mon lit... Et, appuyant sur les mots, elle questionna :

— Vous ne répondez pas !... Etes-vous tout à coup plus souffrant ?

Je détournai la tête et fermai les yeux... Elle reprit :

— Voyons, monsieur, vous avez quelque chose ?... Voulez-vous que nous fassions écrire... à votre mère ?

Elle ignorait que j'étais orphelin dès mon bas-âge... doucement elle continuait :

— A votre sœur ?... à votre promise ?... Car, jeune comme vous l'êtes, vous n'avez pas été, au temps heureux de la paix que nous ambitionnons, sans faire battre le cœur de quelque jolie jeune fille ?... Allons, parlez, monsieur ! J'attends !...

Et d'un ton de dépit, avec un léger tremblement dans la voix, mi-couroucée, mi-aimable, impérieusement presque, comme piquée au vif par mon obstination à garder le silence, elle commanda à nouveau :

— Nous désirons, nous voulons, que vous nous répondiez ! Vous ne voudriez pas manquer de respect et de convenances envers *la présidente du Comité de secours aux blessés et des dames patronnesses des ambulances* ?... Allons, Monsieur, faites un effort sur vous-même pour me répondre, je ne commande plus, je prie !... je le répète... souffrez-vous ?... parlez, je désire que vous répondiez !

. . . .

Vous savez le reste, ô Marie !

Je m'étais relevé sur mon séant, et, sans parler, d'un seul geste plus prompt que la parole, obéissant à mon idée de vengeance, j'avais accompli l'acte de rébellion qui satisfaisait si pleinement mon cœur, mon âme et ma conscience.

. . . .

Ironie grotesque, barbare, inouïe ! Cette femme du *massacreur* s'intitulait : *Présidente* et *patronnesse* du comité de *secours aux blessés* !

O ma Patrie, ô ma France chérie ! En cet instant, je donnais plus que ma vie pour toi ; car je comprenais bien que je venais de tout perdre et que je devais finir mon existence dans le fond de quelque cachot sombre et humide de quelque forteresse éloignée de la Silésie.

Le docteur, comme effrayé, dardait sur moi ses regards, il paraissait anxieux. Malgré mon acte terrible, nous n'étions encore qu'au commencement du drame. La reine, les traits contractés... attendait... et tous les assistants semblaient me plaindre.

Entre les dents. . les yeux sévères... elle questionna :

— Que cachiez-vous là, sous cette couverture, quand nous sommes entrés dans cette salle ?

Elle désignait ma cachette, ma cachette où, d'une main fiévreuse, je serrais dans mon lit le papier confident des pensées du poète Canonges, nos pensées communes de penseurs nîmois, de Pierre Pannier et moi.

Tirant le brouillon lentement, résolu à tout et, aussi, à accepter pour moi toute responsabilité, je le tendis à la souveraine, finissant, achevant dans mon esprit mon œuvre vengeresse.

« Tenez, Madame, dis-je à la femme du vieux Guillaume de Prusse, voici, puisque vous l'exigez, ce que je cachais quand... vous... êtes venue... avec votre suite... *nous surprendre*... nous, blessés français. Je suis orphelin, je n'ai qu'une mère, la **France**... et dans ce papier sont contenues toutes les pensées de mon âme de fils de ma chère Patrie !... Lisez, et vous comprendrez que moi, qu'on a arraché à la mort, à la mort qui venait me prendre sur le sol français de la portion de l'*Alsace invaincue*, je ne pouvais ni ne puis accepter les présents de la reine de Prusse, femme de monarque ennemi de mon pays cherchant à faire oublier l'affront de son aïeul en 1806, dans votre Berlin.

« Non, Madame, je ne veux rien, rien de vous que la mort ; car la charité de la femme est, comme la guerre de l'époux, toute faite de surprises. Oui, lisez ces pages ! mes amis ne sont pas complices. Je suis et prétends rester à vos yeux le *seul coupable*; et, d'avance, je suis résigné à tout !

« Faites donc de moi ce qu'il vous conviendra, car, si mon âme est libre et si mon cœur peut dire par ma bouche ce qu'il pense, ce flot des rancœurs venu de lui pour arriver jusqu'à ma langue, mon corps de soldat prisonnier vous appartient. Oui, il vous appartient, puisque vos biancardiers, se croyant les vainqueurs de Denfert l'invaincu, sont venus le prendre en état de coma sans que mon âme en ait conscience... sans quoi je ne serais pas là.

« Ne suis-je pas prisonnier ?... prisonnier... moi... et le vôtre, ironie. moi, dont la devise était celle de mon illustre aïeul, soldat de la Révolution française : « *Vaincre ou mourir !* ». Et je suis vaincu !... et je vis !... Non ! vos soldats n'ont point fait un prisonnier, ils ont ravi un cadavre qui appartenait à une autre Majesté que vous, plus puissante que vous, et devant laquelle vous devrez un jour vous courber... comme tous les mortels... à la Mort.

« Vos soldats, Madame, ne m'ont pas pris valide et transi par la peur. Ils m'ont ramassé couché sur la neige, inanimé, incapable de ressentir ni une douleur physique ni un sentiment...

« Déjà, je vous le répète, j'étais le sujet docile de la mort qui creuse en sa chevauchée des tombes glorieuses — et parfois ignorées — aux modestes et obscurs petits soldats qui, sans calcul, font le sacrifice de leur vie pour leur Patrie... qu'ils aiment en leur seule religion d'Elle.

« Il fallait me laisser achever de mourir là-bas, à Danjoutin, dans cette nuit terrible du 7 au 8 janvier 1871 ; j'aurais eu pour linceul la neige du vieux cimetière où j'étais tombé ; et pour tombe la terre d'Alsace que votre Bismarck voudrait germaniser.

. . . .

Brisé par tant d'efforts de colère contenue, je retombais abattu sur ma couche.

La reine, d'un regard indéfinissable, me fixa encore quelques instants et, lentement, prononça en s'éloignant de mon lit :

— Adieu, monsieur ! la colère vous aveugle, souvenez-vous toujours que vous venez d'être injuste et d'insulter une femme qui vous plaignait et s'intéressait à vous.

Après ces paroles, je la vis se concertant à voix basse avec les officiers allemands de sa suite et notre docteur du lazaret. Tous avaient des attitudes de chien couchant rampant devant sa maîtresse.

Ils sortirent.

Nous entendîmes, comme à l'entrée de la puissante dame, les coups de canon de salut.... les hourras de la population massée devant le château, et la musique militaire jouant un air de victoire. Puis, tout rentra dans le calme et le silence...

Mes chers amis, Pannier et Canonges, ce peintre

et ce poète, devenus des soldats blessés, paraissaient consternés. Ils avaient des larmes dans les yeux. Ils se rapprochèrent de moi.

— Malheureux !... commença le premier en me prenant la main de celle qui lui restait valide, tu viens de te perdre. On va te séparer de nous qui t'aimons tant. Nous-mêmes, parce que nous t'aimons en raison de cette amitié, nous allons être enlevés d'ici... Toi, tu seras emmené là-bas, à Breslau, en Silésie où les prisonniers français sont si maltraités et si malheureux !

Qu'importe ! répondis-je, Canonges et toi, qu'auriez-vous fait ?

Mes amis, soucieux, gardaient le silence ; seuls, leurs yeux semblaient me parler.

Sans me préoccuper des trois officiers prussiens blessés qui occupaient les trois autres lits de notre chambrée, je fis observer à mes deux frères d'armes :

— Vous ne me répondez pas !... Auriez-vous peur ?... Parlez, amis, j'attends !

Le vieux poète me prit la main et bas, il prononça avec des larmes dans les yeux:

— Ce que tu viens de faire !

— Et toi, Pannier... que penses-tu ?

— Je pense... je pense... que tu es un vrai Français.

J'étais satisfait de cette approbation, quoique je n'aie douté un seul instant de la bravoure et du patriotisme de mes deux compagnons de captivité.

M'adressant plus particulièrement au peintre auquel je devais mon portrait, bien ressemblant, fait à la plume, qui sera pour vous, ô Marie !...

Je lui dis :

— Pierre ! tu assures avoir pour moi un profond attachement ?

— En doutes-tu, Raoul ?

— Non ! Eh bien, avec Canonges, ce maître aimé, qui cherche à faire de moi, si ignorant, un poète, avec lui mon parrain ès-lettres, veux-tu partager notre sort, quel qu'il soit ?... Je dis... *notre sort*, parce que nos deux noms, de Canonges et moi, étant sur la pièce de vers qu'a conservée la reine, il n'est pas douteux que mon sort soit le sien.

La reine *veut*, doit se venger de nous qui, prisonniers, avons osé la braver, lui tenir tête.

— Oui, s'écria Pannier, mon sort sera le vôtre, le vôtre sera le mien ! Unis dans la bataille, nous devons rester unis dans la captivité et accepter les coups du sort qui doivent nous frapper. J'emploierai donc tous les moyens pour arriver à vous suivre dans la captivité, l'exil ou la mort.

Je lui pris la main et, la serrant fraternellement, dans un élan d'amour patriotique, je repris en riant :

— *Fiat voluntas tua !*...

— Que veux-tu faire ? questionna mon ami.

— C'est facile... Reprends cette plume, là, sur la table de nuit, prends ce carton, assieds-toi, et sur tes genoux écris... Tu as, toi, ta main droite, trace donc ce que je vais te dicter et que tu liras à haute voix, comme si tu me le lisais à moi, et cela dès que les autorités médicales et militaires reviendront... car on va revenir... On ne peut nous laisser ici après un pareil scandale.

. . . .

Ah ! chère Marie !... Plus de deux heures nous restâmes seuls, personne ne vint nous déranger ; les officiers blessés nous regardaient et semblaient étonnés de notre manège. Ces heures furent consacrées à la réfection du poème. Canonges et moi, après accord, nous dictions, cherchant dans notre mémoire tout cela, sous les yeux de l'infirmier badois, qui allait et venait, prodiguant des soins aux blessés allemands.

Heureusement pour nous, cet homme, qui comprenait peu le français, semblait ne prêter aucune attention, habitué qu'il était de nous voir toujours ensemble, moi dans mon lit, mes amis près de moi ; et, sans doute, il n'avait point non plus encore reçu d'ordres nous retirant la liberté d'écrire qui, jusque là, nous avait été octroyée.

Pierre venait de terminer.

— Commence-moi, lui dis-je, sur mon *double-copie*, une lettre que je m'efforcerai de faire parvenir ; je vais continuer à dicter. Tu y joindras le fragment des vers qui doit nous perdre, surtout moi... le casseur de pipe... *figure Guillaume*. Je tâcherai de faire parvenir tout ça à ma chère fiancée qui, peut-être, hélas ! ne me reverra jamais.

Pierre reprit la plume, et, patiemment, sous ma dictée, écrivit tout ce qui précède. Quand il eut achevé, je serrai ce tout avec de grandes précautions entre les bandes du pansage de la blessure de ma poitrine, persuadé qu'on ne viendrait pas chercher là mon secret, les élans de ma *révolte de prisonnier*, même en me faisant changer de linge pour partir, ce à quoi je m'attendais ainsi que mes deux compagnons qui ne semblaient se leurrer sur le résultat désastreux pour nous, de ce que les Prussiens appelaient notre crime.

Pierre s'était arrêté au fragment que voici :

. . . .
Entrons dans ce palais, chez les grands de ce monde,
Où, richesses, pouvoir, enfin où tout abonde.
On doit trouver, au moins, la générosité?
La grandeur fit toujours supposer la bonté.
Oh!... comme tout est beau!... Tout reluit, tout scintille!..
Tout est éblouissant!... De plus d'une famille
On trouverait le *pain* dans le prix d'un fauteuil.
Enfin, convenons-en, c'est bien un peu l'orgueil
Qui fait que ces trésors que partout on renomme
Sont en ces lieux placés pour le plaisir d'un homme.
Mais, si, tout étant riche, il est compatissant,
S'il sait faire oublier qu'il est par trop puissant,
Il faut lui pardonner cette humaine faiblesse.
— On comprend que, parfois, un excès de richesse,
Fait naître des besoins souvent impérieux.
C'est un mal pour un bien ; et tout n'en va que mieux.
— Car, à maints travaux d'art, quand *l'ouvrier* s'exerce,
Le **Progrès** fait un pas, poussé par le **Commerce** ;
Le **Talent** se fait jour, le **Travail** augmenté
Assure à *l'artisan* : joie et prospérité !...

. . . .
Mais ne préjugeons rien, le trop de confiance
Pourrait être un défaut. Or donc, en conscience,
Examinons bien tout !... Que veut dire ceci?
Comment... *l'orgueil* encor peut habiter ici?
J'y vois : *l'ambition* à l'œil sombre et farouche,
La *débauche* au teint vert et l'écume à la bouche,
L'atroce *cruauté*, les mains rouges de sang,
La **Guerre** !... ce fléau mortel, avilissant.

Regardez, tout là-bas, ces moissons dévastées !
Regardez, par ici, ces maisons désertées !
Entendez-vous ces cris d'horreur de désespoir ?...
Du sang !... Partout du sang !... Ah ! c'est horrible à voir !.
Oui, voyez ce pays ravagé par les flammes,
Ces cadavres hideux : d'hommes, d'enfants, de femmes !...
Qu'est-ce donc ?... C'est la guerre et son cortège affreux !
— Tyrans, soyez maudits par tous les malheureux !...
— La guerre a sur ses pas la *peste* et la *famine*,
Elle brûle château, moissons, humble chaumine !
Chacun, à son nom seul, se sent épouvanté !...
J'en appelle en ces vers, **à la Postérité**.

. . . .

Mais la guerre... pourquoi ?... C'est que de nobles princes
Veulent à leurs Etats coudre quelques provinces ;
Et, pour se faire aimer (?) de leurs sujets nouveaux,
Trouvent qu'il est *urgent* de creuser des tombeaux !
Guillaume, le vieux roi, le célèbre empirique,
Empereur couronné... frappe la République !
Rien n'est moins surprenant, ils sont tous ainsi faits !
Meurtre, oppression, vol sont leurs plus grands bienfaits !
Un *grand* n'est pas heureux, s'il n'a pu dans sa vie
Commettre, à tout le moins, sa petite infamie...
Ah ! le palais des rois, cet horrible milieu,
Doit être déserté !... Cherchons un autre lieu !...

. . . .

Et le poème continuait, chère Marie, continuait empli d'une politique que je ne puis confier à ces feuillets.

Comprenez-vous, chère fiancée, le couroux que j'avais cru lire en les yeux de la souveraine outragée lorsqu'elle parcourait ce fragment ?

Mes amis et moi, nous attendions. Une pensée

venait de naître en mon cerveau. Si, au lieu de l'exil dans une forteresse, c'était, après le conseil de guerre, la mort, la mort pour crime de lèse-majesté ?

Après tout, je préférais cette fin tragique pour terminer toutes mes douleurs morales et physiques... car je souffrais !

Canonges, devinant ma pensée, vint à moi et me dit:

— Non, Raoul, tu ne mourras pas, quelque chose me le dit ; mais nous serons bientôt séparés les uns des autres. Après ce qui s'est passé — ton coup hardi — ne crois pas qu'on nous laisse ensemble, si, tous trois, nous devons partir d'ici.

— Il a raison, venait d'appuyer Pannier, ils ont intérêt, croient-ils, à nous séparer... ils puniront ta révolte...

Et, comme navré, tout bas, il ajouta :

— Ne seras-tu pas... ne serons-nous pas les victimes d'une vengeance, l'objet d'un exemple à donner à tous les prisonniers, afin de prévenir, dans l'avenir de nos chers compagnons de captivité, toute nouvelle tentative de rébellion ?

— Que m'importe !... répondis-je, qu'il fasse de moi ce qu'ils voudront. Je n'ai qu'un seul regret, ô mes amis ! c'est de vous avoir compris avec moi... de vous avoir en quelque sorte rendus solidaires de mes actes, et ainsi rivés à mon sort peu enviable, j'en conviens.

. . . .

Le vieux penseur nîmois, engagé volontaire qui avait posé le luth pour prendre les armes et défendre la Patrie après l'avoir chantée, avait raison.

Il avait dit vrai, je ne devais pas mourir, mais bientôt quitter ces deux êtres si nobles que j'aimais tant.

Je sus plus tard que ce pauvre Pannier était mort en captivité et que Canonges, qui me raconta le fait, était parvenu à s'évader de Rastadt, dans les premiers jours du mois suivant, de la citadelle du fort Léopold (*Léopold-feste*).

. . . .

Pour le moment, l'ordre de départ ne concernait que moi.

Le docteur vint me prévenir que je devais me préparer.

Les infirmiers me donnèrent une chemise blanche et on me rendit, à mon *grand étonnement*, mon uniforme de fourrier car, depuis que nous étions au lazaret, il nous avait fallu nous résigner à endosser une capote et un béret prussien, sorte de robe de chambre et de bonnet en étoffe de laine blanche, donnés indistinctement à tous les blessés et malades en traitement à l'hôpital militaire allemand. Sous cet accoutrement — bien qu'on prétende que l'habit ne fait pas le moine — nous n'avions plus rien de nos allures françaises. Quiconque nous aurait vus, sans pouvoir nous parler, nous aurait pris pour des sujets du roi dont j'avais fait si peu de cas de l'image.

Mais on aurait pu dire de nous, en nous examinant avec attention, les vers de mon cher ami Louis Papin (le poète Paul Pionis), l'auteur patriote de *Pierre Revanche* et du tableau militaire *Réveil d'honneur*, ces vers s'adressant à un soldat français tentant la victoire par un stratagème et se déguisant avec l'uniforme d'un officier prussien tué et ramassé dans la bataille :

> Oh non ! mon cher ami, l'habit fait peu le moine.
> Bien qu'à vous travestir vous soyez fort idoine,
> Sous le casque pointu, je vous reconnaissais,
> L'uniforme prussien cachait un cœur français !...

. . . .

A la vue de mes vieilles et glorieuses guenilles de Belfort et des Vosges, des larmes vinrent obscurcir mon regard, et je me redressais... Ces pleurs brûlants, dans mes yeux, tout à coup me firent l'effet d'un verre grossissant, d'un optique puissant ; et, comme à travers un prisme, je vis renaître et grandir tout le passé.

Aidé par mes deux amis, je pus me tenir debout et revêtir ma défroque, sale, déchirée, trouée par les balles et les baïonnettes. Je sentais mon cœur bondir violemment... En un instant, je me sentis redevenir le combattant des terribles batailles de Bavilliers, Perouse et Danjoutin sous Belfort.

. . . .
. . . .

Où me conduit-on ? demandais-je à l'officier du piquet de vingt hommes en armes qui formaient mon escorte.

L'officier ne répondit pas, peut-être n'avait-il point entendu ou ne comprenait-il pas le Français, ou encore sa consigne était-elle de ne répondre à aucune de mes questions.

J'étais couché sur un brancart, à découvert, enveloppé dans une couverture brune, porté à bras par quatre hommes qui, en silence, marchaient d'un pas cadencé et régulier.

Mes deux amis, Canonges et Pannier, avaient obtenu du docteur de m'accompagner jusque dans la cour d'honneur du château — de ce château transformé en hôpital —. Là, j'embrassai de toutes les forces de mon âme mes deux stoïques compagnons... Nos mains tremblaient, des larmes éloquentes et silencieuses roulaient de nos yeux sur nos joues hâves et amaigries ; et, fiévreusement, l'accolade fraternelle du soldat — l'accolade à nulle autre pareille — fut échangée. O Patrie ! ô amour du cœur ! amour de frères d'armes qui ne s'exhale qu'avec l'âme et survit au tombeau !

Ah ! en écrivant ces lignes que je recopie après vingt-sept années écoulées, comme je revis encore ces instants de troubles douloureux des âmes de trois amis sincères et dévoués l'un à l'autre !

. . . .
. . . .

La nuit était tombée, le ciel gris. Une fois dehors de la cour, je ne distinguai plus à travers le brouillard que la rouge lueur du fanal de la porte de l'ambulance que je venais de quitter. Silencieux, morne et lourd, le cortège traversa la coquette ville aux spacieuses promenades embellies de jardins. Avant d'arriver à la gare, nous passâmes sous un arc de triomphe me rappelant quelque peu notre beau monument de la Grande Armée en haut de nos Champs-Elysées de Paris, à l'Etoile, ou, mieux encore, nos portes des boulevards — anciennes portes de la capitale — Saint-Denis et Saint-Martin. Je sus, depuis, que Carlsruhe était ainsi entourée — une porte à chaque route — et que cette ville badoise, aujourd'hui sous la domination de *l'ogre de Germanie*, était l'œuvre de *Ludovic magnus*, roi de France, quatorzième du nom. Mais, hélas ! les revers des armes, l'incurie et l'impéritie changent bien des choses et surtout les fastes des Etats... Et puis, n'ai-je pas écrit :

Tout passe et tout s'enfuit, tout change et disparaît,
Revenir au passé... c'est chercher le regret !

Le docteur m'avait accompagné, il marchait près de l'officier commandant l'escorte ; il causait avec lui à voix basse. Le sergent-infirmier — Zimermann — se tenait près de moi, réglant le pas de mes porteurs.

Le trajet fut long. Une fois dans la salle d'attente de la gare dont les portes s'étaient ouvertes devant nous, je fus installé dans les bras d'un immense fauteuil à oreillons garni en cuir vert. Le docteur, alors, vint vers moi, il me serra fortement la main sans prononcer une syllabe — deux hommes en armes me gardaient baïonnette au canon. — Pendant ce temps l'officier qui venait de me conduire causait avec animation avec celui commandant le poste de la gare. De temps en temps les deux hommes dardaient sur moi des regards courroucés qui auraient pu m'émouvoir, si jamais la peur eût pu avoir prise sur mon âme de soldat et de déjà philosophe, habitué aux coups du sort brutal et capricieux.

En me donnant la main, le vieux docteur m'avait glissé un papier assez volumineux que je m'étais empressé de faire disparaître aussitôt dans une des manches de mon vieil uniforme.

L'officier revint, me salua en portant d'un geste raide la main près de la visière de sa casquette, et quatre hommes, s'emparant du fauteuil dans lequel j'étais assis, me portèrent dans une autre salle, entièrement fermée et au milieu de laquelle ronflait un gros poêle de fonte, rempli de houille, rougi par l'ardeur du feu.

— « Adieu ! » me fit simplement le docteur qui m'avait suivi. Il me serra la main à nouveau et je crus — est-ce une illusion ? — distinguer dans ses yeux une larme...

Le sergent infirmier, muet comme une machine automatique, vint, lui aussi, me donner la main... et ce fut tout.

Les deux hommes en armes me quittèrent pour aller rejoindre la petite troupe qui m'avait amené là. L'officier fit plusieurs commandements en allemand, des mouvements saccadés s'exécutèrent, s'opérèrent sur place, les hommes s'ébranlèrent comme un seul, le pas réglé, et je vis tout s'éloigner et disparaître. J'entendis le bruissement des pas ferrés des hommes, le frottement du fourreau de métal du sabre de l'officier sur les dalles, puis tout se perdit dans l'éloignement pour faire place au bruit régulier des pas cadencés de la sentinelle du quai de la gare qui passait et repassait et dont j'apercevais, au-dessus des glaces dépolies des portes fermées, par intervalles, le haut du canon du fusil, la baïonnette et la pointe, ou plutôt la boule du casque.

Au bout de quelques instants, je vis entrer, dans la salle où j'étais, un homme jeune encore, de haute stature, les traits emplis d'une douceur infinie, les yeux bleus clairs et très grands. Cet homme singulier était beau bien que très pâle; il portait toute sa barbe qui était blonde pour ne pas dire rousse.

Le costume qu'il portait me parut étrange, il tenait du prêtre et du soldat... J'étais quelque peu étonné en observant cette créature qui me semblait bizarre avec sa longue capote serrée à la taille par une large ceinture de cuir noir retenue par une large boucle en fer noirci. L'homme portait de hautes bottes graisseuses sur lesquelles retombaient les pans de sa capote. Sur la poitrine, un crucifix assez grand, en cuivre, comme en portent nos frères maristes, cet objet retenu par une cordelette ou ganse noire. La tête était couverte d'un chapeau rond de prêtre laissant échapper, sous ses larges bords, une chevelure abondante et d'une couleur châtain, venant retomber sur les épaules de mon nouveau gardien; car c'était bien mon gardien, celui qui devait m'accompagner, me veiller.

J'avoue qu'en ces moments, marchant de surprise en surprise, mon étonnement grandissant. j'étais perplexe.

Après avoir observé attentivement quelques instants mon homme qui paraissait absorbé par la lecture d'un livre de prières, je me décidai à rompre le silence et commençai :

— Il fait bien chaud ici! Voudriez-vous avoir l'obligeance de m'aider à m'éloigner de ce brûlant compagnon?... — Je désignais le poêle.

L'homme, sans répondre, se leva, et, passant avec de grandes précautions ses deux bras vigoureux dans ceux du fauteuil, il me souleva sans peine apparente, m'éloignant d'environ deux mètres de la place que j'occupais auparavant. En très bon français — ce qui ne laissa pas de me surprendre — l'homme noir, desserrant enfin les dents, me dit en me regardant dans les yeux :

— Etes-vous mieux ainsi ?

Je le remerciai d'un signe de tête affirmatif, ne pouvant trouver une parole, tant tout ce qui se passait autour de moi tenait, pour mon penser, de l'extraordinaire et de l'incompréhensible.

Enfin, mon gardien et moi, nous liâmes conversation, sa parole était chaude et douce. Je pensais: celui-là est-il bien un vrai sujet de celui qui a permis tant de massacres ?... Que va-t-on faire de moi, que signifient tout ce mystère et toutes ces prévenances ?... N'est-ce pas pour mieux me leurrer sur l'issue de mon affaire, sur le sort qui m'est réservé ?

Après quelques questions, j'appris que mon gardien appartenait à une section de pénitents-ambulanciers faisant le service des *wagons-lits* pour aider au transport des blessés allemands, officiers supérieurs. Je comprenais de moins en moins, j'étais l'objet d'une sorte de sollicitude accordée à des officiers, ce que j'étais loin d'être .. et sans cesse revenait à mon esprit cette question : Qu'est-ce que tout cela veut dire ? Presqu'à la fin de notre entretien, je hasardais un : *où allons-nous ?* Mais mon diable d'homme, levant à nouveau ses yeux sur moi, me répondit :

— Je n'en sais rien encore moi-même; je vais où on m'envoie, je suis ici pour vous accompagner, des ordres seront donnés et, quand il en sera temps on viendra me prévenir, je vous prendrai alors et je voyagerai avec vous sans même connaître notre destination. L'officier du poste de la gare recevra les instructions qu'il attend vous concernant, et nous partirons.

Revenant en arrière par la pensée, je me dis :

— C'est bien cela, Canonges avait raison, c'est l'exil. Mais alors, pourquoi cet abandon d'escorte, pourquoi près de moi cet homme qui semble être un homme de paix ?

L'espérance qu'on dit ne nous abandonner qu'à la dernière seconde de vie semblait en ce moment me fuir ; je disais déjà adieu à ma France chérie, à tout ce que j'avais aimé sur son sol béni, quand le papier du docteur que j'avais totalement oublié vint me rappeler à moi-même en me frôlant le poignet. Le papier remis si discrètement avec précaution, selon moi, devait contenir le mot de l'énigme ; mais pouvais-je lire devant mon gardien ?

Je résolus de brusquer le mouvement et je questionnais :

— Savez-vous au moins, monsieur, à quelle heure nous devons partir ?

— On m'a parlé de minuit, me répondit mon gardien, sans lever les yeux de dessus son livre.

Minuit ! et il n'était encore que sept heures du soir. Nous avions cinq mortelles heures de longue attente à passer là.

La nuit depuis longtemps était tombée, on avait allumé partout.

— Je vais chercher au poste notre collation, me dit en se levant mon gardien ; ne vous impatientez pas, je reviens de suite.

— Ne pourriez-vous, lui fis-je observer, me procurer en même temps un volume pour lire et m'aider à tuer ce temps qui m'use outre mesure par l'ennui ?

Et je reprenais, m'efforçant de sourire :

— Un livre profane... n'est-ce pas ?... si toutefois la lecture m'est encore permise ?

L'homme ne répondit pas ; il eut pour moi un nouveau regard, regard indescriptible, et s'éloigna.

Dès que je me crus seul, cherchant à m'assurer qu'aucun œil indiscret ne pouvait surveiller, scruter mes actes, épier mes mouvements, je déployai le papier du docteur.

Aux premières lignes, déjà, je croyais rêver. Ah ! Marie ! *Le vieux Polonais* qui m'avait donné ses soins et sauvé la vie, l'homme condamné à servir la Prusse par force, n'avait pas menti. Dans un billet de banque allemand de plusieurs thalers se trouvait un petit papier sur lequel le brave médecin avait tracé les lignes suivantes :

« Courage ! prudence ! discrétion, si vous avez
« un cœur reconnaissant. On vous reconduit en
« France par le service des ambulances, telle est
« la volonté de notre reine et impératrice Augusta.
« Dissimulez du mieux qu'il vous sera possible de
« le faire votre joie, bien compréhensible......
« Pour tous, vous ne devez rien savoir..., votre
« châtiment doit se borner aux tortures, parfois
« angoissantes pour un patriote, de l'incertitude.
« Quoique bien faible encore, votre état cesse
« d'être inquiétant au point de vue d'un nouveau
« danger par vos blessures. Je vous offre, à vous,
« prisonnier temporaire, moi vieux prisonnier
« polonais, condamné à vivre chez des ennemis,
« en sans-Patrie, une faible somme qui vous sera

« utile, nécessaire pour vous procurer en route
« quelques douceurs indispensables à un blessé
« convalescent ; faites-en usage, sans arrière-
« pensée, je vous en prie. J'aurai été, si vous
« acceptez cette offrande, comme sans connais-
« sance encore, vous avez dû accepter le secours
« de la science et de mes soins, j'aurai été, dis-je,
« votre médecin de corps et d'âme... jusqu'au
« bout... ; car, je vous ai compris... oui, et je vous
« ai presque admiré dans votre révolte qui, je l'ai
« cru un moment, pouvait vous perdre. Déchirez
« ce papier, faites-en disparaître jusqu'au plus
« petit fragment. Soyez heureux, jeune homme,
« vous allez revoir votre pays, ce que vous aimez...
« vos parents, votre fiancée. Vous êtes jeune, pour
« vous la Patrie et l'amour sont deux trésors. Moi,
« je suis vieux ; on a tué ma Patrie et l'amour s'est
« envolé, empruntant les ailes du temps qui
« a jeté l'âge sur mes vieilles épaules et sa neige
« sur ma barbe et mes cheveux. Oui, oui, jeune
« homme, fier petit soldat, soyez heureux. Adieu
« et bon rétablissement.

« Un ami qui ne demande qu'un faible souvenir,
« qu'une pensée de loin en loin, quand les temps
« seront redevenus meilleurs et moins tour-
« mentés.

« *Un vieux Docteur polonais*,
J. TRAWJOUSKI. »

J'étais toujours seul, mes yeux s'étaient mouillés de douces larmes d'attendrissement et de joie ; mon cœur battait à rompre ma poitrine.

Loin d'obéir au désir de l'opprimé, je gardais intact son précieux billet, et je le glissais dans ma poitrine, pour, une fois en France, le conserver toujours.

Ah ! Que j'étais heureux ! non seulement, je portais mon uniforme, mais j'allais revoir la France... vous revoir, Marie... On me rendait : **Amour et Patrie** ! les deux seuls biens chers à mon cœur de soldat.

Cependant, ce moment de joie fut assombri par un amer penser... Mes pauvres amis, Canonges et Pannier, restaient, eux, en captivité... Ah ! que n'étaient-ils avec moi !... Alors, mon bonheur, après tant de souffrances, eût été complet.

. . . .

A peine venais-je de serrer mon précieux billet et celui de banque que je vis entrer mon compagnon de route suivi de deux jeunes filles portant au bras le brassard de la convention de Genève. Elles apportaient une petite table toute garnie avec des mets fumants qu'elles placèrent devant moi sans mot dire, ni même me regarder, tandis que le pénitent me tendait le livre demandé, que je pris de ses mains en le remerciant.

Ce livre n'était autre que le *Lion amoureux* de Ponsard. Je l'ouvris au hasard, et, bizarrerie étrange, ironie des coïncidences, le livre dont les pages n'étaient pas coupées s'offrit à ma vue par caprice du sort, sur ces deux vers commençant une page au recto :

« ..... Ne plaise à Dieu que je descende
« A devoir quelque chose à quelqu'un de leur bande ! »

Je refermai le livre que je posai sur la table, comme découragé par cette sorte d'avertissement.

— Je n'ai jamais pourtant été superstitieux. — Mais ces deux vers que l'auteur met dans la bouche du comte d'Ars, placé dans une autre alternative que celle que je subissais, frappaient néanmoins ma pauvre imagination torturée depuis trop longtemps déjà — les forces humaines ont des bornes, et j'étais à leur extrême limite. — Et puis, moi, *ne devais-je pas quelque chose à quelqu'un de leur bande?* Bien malgré moi, il est vrai... mais... je devais !...

Après notre repas qui fut de courte durée, je demandai à mon gardien s'il m'était permis d'écrire.

Sans répondre, selon son habitude, il m'apporta sur la petite table qu'il avait desservie, papier, plume et encre. Alors, je fis des efforts et je pus arracher de mon pansage mon *Journal d'un soldat* et j'écrivis... J'écrivis longtemps, emplissant les feuilles que je retrouve aujourd'hui vieilles et toutes jaunies par le temps — que je retrace auprès de toi, ô femme ! après nos noces d'argent, après les avoir retirées du sanctuaire du passé où, tranquilles, elles dormaient —. A dix heures du soir, je pliais ces feuilles bénies, confidentes de mes pensées et je replaçais le tout dans leur cachette, sur mon cœur, tout près de la plaie que m'avait faite le plomb ennemi. Mais bientôt je dus soustraire *mes précieuses* à la curiosité et à l'indiscrétion. Des infirmiers venaient d'entrer ; déjà on me retirait mon dolman, mon gilet et ma chemise pour changer mon pansement. Ce fut l'affaire d'une demi-heure.

A onze heures quarante-cinq, mon compagnon m'enleva du fauteuil et me prit dans ses bras — ma jambe droite refusant encore de me supporter —.

Il monta avec son fardeau dans le compartiment de deuxième classe du wagon qui devait nous emporter et me déposa sur les coussins en disant :

— Pas chaud ce soir... et toujours de la neige !

La portière se referma... un remue-ménage se fit, j'entendis le signal du chef de gare, le coup de sifflet strident de la machine, ses halètements plaintifs... et le convoi roula... Il allait vers la France !... et je le savais !... mais, pour obéir au bon Trawjouski, je semblais tout ignorer. Mon compagnon, lui, s'était rapproché de la lampe à la lueur vacillante et ne levait plus les yeux de dessus son livre.

Je ne dormis pas. Nous passâmes à Kehl, Strasbourg, Colmar et Mulhouse sans que le train s'arrêtât.

Le lendemain nous étions près de Belfort, à Alkirch, où je fus remis entre les mains d'un parlementaire et reconduit dans la place où j'eus la joie de retrouver au fort de l'*Espérance* plusieurs de mes plus chers camarades et frères d'armes, les sergents Lapeyre, Pécunio, le caporal Viard, mon cher petit Brussey de la colonne d'Auxelles bas et de Géromagny, le brave Ployer, l'aide artilleur de la Miotte ; enfin une masse de camarades du Rhône et de la Haute-Saône. **Belfort** tenait encore... mais je ne ne pouvais plus, hélas ! faire aucun service.

J'appris à l'ambulance de l'*Espérance*, où j'avais été placé, que la troisième compagnie du deuxième bataillon de Saône-et-Loire dans laquelle je comptais, en subsistance, avait presque entièrement succombé sous le nombre écrasant des forces des soldats de Tresskow dans la nuit du 7 au 8 janvier

1871, que l'aide-major du bataillon, M. Greuzard, avait été frappé mortellement, que de nombreux officiers avaient été aussi tués et blessés dans cette nuit où j'étais tombé moi-même mutilé. J'appris, en outre, que le reste de la compagnie avait été fait prisonnier avec son stoïque et brave capitaine Armand de La Loyère et son lieutenant Emile Druard, ce dernier grièvement blessé d'une balle en pleine poitrine.

Enfin, mes douleurs morales semblaient être terminées. Déjà, le traité de paix était signé pour la France... mais Belfort était exclu. — Pourquoi?

On parlait en ville de lutter jusqu'au bout, de ne pas rendre la place sur laquelle le bombardement continuait sans relâche. On se battait encore, malgré notre perte de près de trois mille hommes depuis le commencement de ce siège mémorable. Mais... on tenait **quand même** ! Nous étions Belfort !...

Sublimes étaient les valides défenseurs de la ville alsacienne restée *vierge*. Nous avions tué près de dix mille hommes au général assiégeant qui n'avait pu prendre que peu de terrain sur les villages environnants et protégés par les feux de l'artillerie des forts de la place héroïque. On pouvait aussi compter dans les rangs des Prussiens plus de six mille blessés sans compter les nombreux prisonniers en notre pouvoir.

Le général de Tresskow n'avait pu vaincre la garnison du glorieux Denfert-Rochereau... pendant ce long siège de 104 jours et le terrible bombardement. Notre drapeau flottait, toujours fier, ondulant dans le vent, le brouillard et la fumée, **superbe!**

Le 13 février, on parla d'une entente du gouvernement français — de la République, âgée de cinq mois — avec les autorités allemandes... On sait le reste... Nous pûmes sortir le 17 février avec les honneurs de la guerre, armes et bagages, drapeaux déployés, tout comme autrefois Barbanègre à Huningue en 1815.

Nous sommes la victoire, le **Quand même!** qu'ont voulu immortaliser deux génies de la sculpture : Bartholdi et Mercié. Le premier par son **lion gigantesque**, symbole de la défense, le second par son chef-d'œuvre de *l'Alsace* soutenant son défenseur mourant en criant son : **Quand même!!**

Oui, nous sommes la victoire ! la victoire unique en France durant *l'année terrible*. La victoire, parce que nous n'avions pas à notre tête un Bazaine, mais un chef, bon, vaillant, savant et stoïque, digne d'être donné en exemple à tous les commandants de *place forte* de l'avenir... n'en déplaise à ceux que les mots de *Denfert* et *Belfort* effraient, et qui ont tout fait et font encore tout pour faire des anciens défenseurs de l'héroïque cité : des *oubliés*, des malheureux, comme l'a si bien démontré l'éminent écrivain et poète Joseph Berger.

Nous avons été, du plus petit au plus grand, la bravoure, le courage, l'endurance pleine de sacrifices, de dévouements et d'abnégations. Dans cette guerre impie, œuvre d'un faussaire, acceptée par un fou, faite de hontes et de trahisons, nous avons été, par Belfort, la Patrie relevée.

Gloire donc à Denfert et à ses soldats !

LE BOUQUET TRICOLORE
DE L'ALSACIENNE

LE BOUQUET TRICOLORE
DE L'ALSACIENNE [1]

A l'illustre Général de Division
JEANNINGROS, G. O. ✶.

A vous, mon général, au nom des Vétérans,
Je viens remettre ici ce bouquet tricolore.
Je viens vous saluer, vous, gloire de nos rangs,
Vous, stoïque soldat !...
            Quand la superbe aurore
Paraîtra sur les monts où j'ai cueilli mes fleurs.
Votre nom, général, électrisant la masse ;
Tous, oui, se lèveront pour mieux sécher mes pleurs !...
Me reconnaissez-vous ?... Je suis la pauvre Alsace !...
Jeanningros !... c'est le nom cher à tout cœur français,
C'est celui d'un grand chef, héros de la bataille,
C'est l'honneur, la bonté, la valeur, le succès !
C'est celui qui bravait sous Metz la mitraille,
C'est notre bien-aimé, notre cher Président.

. . . .

[1] Vers dits pendant la Fête de la remise du Drapeau des Vétérans, par Mlle Thévenin, le Dimanche 23 mai 1897, à la Varenne-Saint-Hilaire.

Ah! prenez ce bouquet, ces simples, ces modestes...
Vous y retrouverez un cœur doux et prudent
Soupirant pour la France!...
                        Ah! les jours funestes!...
Je les oublie, ici, devant ce fier drapeau,
Devant vous, général... criant: « Vive la France!
Je conserve en mon cœur la sublime espérance
Du retour de l'exil. — Que rêver de plus beau?

. . . .

Salut, *chers Vétérans*, vous, soldats que j'aimais
Lorsque vous combattiez pour notre délivrance
De la Lorraine et moi...
                    Chers *Vétérans* de France,
Restez... restez debout!... car, **Oublier... Jamais**!...

«PATRIE», par Croisy
Bronze édité par la Maison SUSSE FRÈRES
et offert par la Société Nationale de Retraites
LES VÉTÉRANS DES ARMÉES DE TERRE ET DE MER 1870-71
à leur illustre et vénéré Président d'honneur
M. le Général de Division JEANNINGROS, G. O. ✻.

SALUT AU DRAPEAU

SALUT AU DRAPEAU[1]

---

*Pour l'Illustre et Vénéré Général de
division* JEANNINGROS, G. O. ✳,
*Président des Vétérans de France
et d'Algérie,*

A mes chers Amis,

A tous les Patriotes.

Fiers tambours et clairons, battez, sonnez au champ !
Saluez le Drapeau !... notre étendard sublime.
Le Barde est avec nous, il vient jeter un chant
Qui fera se lever nos *grands morts* de l'abîme !

. . . .

Sonnez, sonnez, clairons !... Battez, battez, tambours !...
Oui, mêlez vos accents !... Que la ville et la plaine
Entendent votre appel...
                    Vous, enfants des faubourgs,
Accourez, le mot d'ordre est : ALSACE ET LORRAINE !..

. . . .

Là-bas, à l'Orient, au loin, vers l'horizon,
Le soleil radieux, magnifique se lève.
La forêt, la prairie et les fleurs du gazon
Semblent se réveiller sans sortir d'un beau rêve...

[1] Créé le 4 Juillet 1897, pendant la Fête des Drapeaux, au Gymnase municipal Huygens, par Mlle Laure Mouret. Dit aux fêtes de remise solennelle de leur Drapeau aux sections : XXe de Paris, 116e (de Montlhéry) et 79e (Dreux) avec la création du poème historique **Gallia**, par Mme Rose Comte, du Gymnase de Paris.

Partout, dans la Nature, on voit les TROIS COULEURS.
Le ciel immense est *bleu*, la nue est pure et *blanche*.
L'astre-roi, de ses feux, vient *empourprer* les fleurs !...
Et... les *Vierges de France* ont en main une branche
De lauriers verts coupés pour les fronts glorieux
De nos héros tombés au sein de la bataille !...

. . . .
Que nos chants, fiers soldats, montent jusques aux cieux !...
Haut les cœurs !... Haut les fronts !... Oui, redressons la
[taille !...

* *

Salut, soldats vaillants défenseurs du Drapeau !
Salut, chers *Vétérans !*... Je viens avec l'aurore
Vous sonner le *Réveil.*
     Morts, sortez du tombeau !
Et vous, fiers survivants...., chantez le *tricolore,*
Les fleurs de notre *Alsace éplorée,* en exil :
Le *myosotis bleu,* la *blanche pâquerette*
Et le *coquelicot* !...
    Sans crainte du péril,
Souvenez-vous toujours du *bonheur* qu'on regrette.
La fleur bleue en disant : — « JE DÉFENDS D'OUBLIER !... »
Semble vouloir narguer la sombre sentinelle
Qui veille A tous les yeux, *Elle* vient se lier
A ses deux chères sœurs, sous la voûte éternelle.

. . . .
Le BLEU s'attache au sol émaillé de BLANC pur
Arrosé par le sang, ce ROUGE qui féconde
Les sillons parcourus. — *Ah !... la plaie est profonde !...*
Pour la cicatriser... Oui... frappons un coup sûr !...

* *

Sur le sol annexé de *Lorraine* et d'*Alsace,*
Les trois fleurs, en poussant aux fentes des tombeaux,
Aux vainqueurs insolents, disent avec audace :
— « *De France, nous gardons les couleurs des Drapeaux !...*

« *Nous sommes légions..., et nous formons des gerbes.*
« *Un parfum est notre âme... Et, pour les cœurs français,*
« *Nous montrons les couleurs des étendards superbes*
« *Qui, dans leurs plis, longtemps, retinrent le succès !* »

* * *

Salut, noble Drapeau !... C'est aujourd'hui ta fête ;
Ondule glorieux, fier de tes *trois couleurs* !...
Assez de pleurs versés aux jours de la défaite,
Où l'Honneur resta sauf au milieu des douleurs !...
Ton étoffe est sacrée, *Elle* est de la Patrie,
La robe lacérée en des temps malheureux...
Ah ! tes lambeaux sont chers à toute âme meurtrie
Et toujours révérés par tes *Vengeurs*, vrais preux !

* * *

Ah ! quand on entendra le canon dans la plaine,
Tu seras là, Drapeau, fier, au milieu de nous !...
Oui, nous te porterons, en *Alsace*, en *Lorraine*,
Obligeant l'Allemand à tomber à genoux.
Comme à VALMY, Drapeau, tu connaîtras la Gloire ;
Pour toi, nous lutterons !... Et, versant notre sang,
Ecrivant avec lui des pages à l'Histoire.
Tu brilleras Drapeau, sublime, au premier rang !...
Victorieux alors, au sein de la fournaise,
Tu flotteras superbe à METZ et dans STRASBOURG,
Pendant que les accents de notre MARSEILLAISE
Empliront les échos...
            Ah ! le son du tambour
Et celui du clairon avec le bruit des armes !....
Et, la charge, ô Drapeaux !...vous faisant triomphants ?...
De notre France aimée, en calmant les alarmes,
Réjouiront les cœurs des soldats ses enfants !...

* * *

Mais, OUBLIER... JAMAIS !... Ah ! gardons la mémoire
Des jours trop malheureux d'un néfaste passé.

Restons debout... et prêts !... Car, pour vaincre avec gloire,
Il faut une âme forte, un cœur jamais lassé.
Ah ! beau Drapeau français !... Tu sais combien on t'aime ?
Pour ton honneur si grand, on brave le trépas
Nous voulons dans tes plis la victoire QUAND MÊME !...
Et ton port glorieux pour guider tous nos pas...

* *

Drapeau des *Vétérans*, grand et sublime emblème,
Abrite nos enfants, ils combattront pour toi,
Nous serons avec eux pour la lutte suprême...
Aujourd'hui, devant tous, nous t'offrons notre foi.
Tu seras grand encore !.. Oui, c'est notre espérance ;
Nous saurons te garder superbe et glorieux !
Pères, fils, nous aurons le front haut, radieux,
Criant en te portant : « Vive, vive la France !.. »

A Mlle Laure Mouret.
Élève de Mr Silvain de la Comédie Française.
Témoignage de gratitude:
Le poète tutoie et ceux qu'il aime et Dieu!

Ô toi, la voix du barde qui chante le Drapeau!
Dis à tous en tes chants, chère Vierge de France,
Nos gloires et revers. Chante notre espérance!
Chante tous nos héros descendus au tombeau!..

Léo Tess

LE
SCHLITEUR DES VOSGES
ET LE
DRAPEAU DE LA FRANCE

LE
SCHLITEUR DES VOSGES
ET LE
DRAPEAU DE LA FRANCE

A M. Alph. Marc, Trésorier Général de la Société Nationale de Retraites, « Les Vétérans des Armées de Terre et de Mer 1870-71 ».

« *Habent sua fata homines !...* »

I

La neige de ses flocons d'ouate, tombant lentement et tous les jours pendant le rude hiver de 1870-1871, était venue blanchir la cime des monts pour former les avalanches. Sous son épaisseur, emplissant la vallée, elle avait fait disparaître les chemins. La *schlite*, elle même, avait disparu sous la nappe uniforme et immaculée qui semblait vouloir, à force de blanc, tout endeuiller, ensevelir tout sous son immense linceul. Les sapins géants avec leurs branches au feuillage d'un vert sombre, recouvertes de givre, scintillant le jour sous les pâles rayons d'un soleil hivernal, la nuit sous les rayons argentés de la blonde Phœbé, ressemblaient à de grands écrins étagés retenant tout un peuple riche... de diamants.

. . . .

Nous venons d'arriver à Giromagny — *territoire de Belfort* —. Deux des nôtres manquaient à l'appel, deux de nos plus chers compagnons d'armes, et non des moins braves, le poète Jules Canonges et Léon Charves, deux intrépides qui avaient su nous guider depuis Epinal, dans nos marches et contremarches dans les Vosges (1).

II

Vers trois heures du soir, nous vîmes apparaître nos deux frères d'armes qui nous rapportaient le *Drapeau* des cinq compagnies de *Saône-et-Loire*, *Drapeau*, que le capitaine adjudant-major marquis de Vaublanc avait, on ne sait pourquoi, laissé à la mairie de Remiremont. Nos amis nous avaient quittés à la Bresse, petit village situé au pied du col de Bramont, pour accomplir leur marche en arrière et rapporter notre étendard que notre capitaine, M. Armand de La Loyère, avait envoyé rechercher.

(1) Chaîne de montagnes qui commence tout près de Belfort (Haut-Rhin) et se développe ensuite entre le Rhin et la Moselle pour se terminer dans la Bavière rhénane.

Ce fut donc une réelle joie pour tous de nous incliner devant l'emblême de la Patrie ; et un accueil chaleureux vint saluer le poète et le polytechnicien.

III

Le soir, à la veillée, nous étions dans la grande salle du rez-de-chaussée d'une habitation paysanne, dans la cheminée de laquelle flambait un immense feu de bois.

Nos hôtes, après nous avoir offert à souper, emplissant nos verres de kirch vieux, nous demandèrent de leur raconter quelques épisodes de nos marches à travers les Vosges et ce que nous pensions de la récente déroute d'une portion de notre armée à Gérardmer. La femme de notre hôte surtout, semblait consternée et donnait ses avis...

— Si je n'étais pas si vieux, commença le maître du logis, un bon brave homme, qui répondait au nom de Mesnil, je voudrais marcher avec vous... Mais. voilà..., je suis trop âgé, soixante-treize ans... Songez donc!... Mais j'ai mon fils, notre Jacques, qui me remplace dignement dans les rangs. Il est sergent-major à Belfort, dans le 45ᵉ régiment d'infanterie de ligne.

Tous, nous écoutions le vieillard avec une grande attention mêlée de curiosité, restant en armes, assis sur les bancs de la chaumière la crosse du fusil entre les jambes, tous, tout prêts à quitter la maison hospitalière et à nous élancer à l'appel du clairon à la moindre alerte nous rappelant au dehors. Le père Mesnil continuait :

— Oui, mes enfants, comme vous disait Jeanne ma femme, tout à l'heure, cette déroute de Gérardmer ne me dit rien qui vaille. Hélas ! voilà maintenant les Allemands dans nos Vosges ; les Vosges de notre *Jeanne la bonne Lorraine*, ma payse ; car, tel que vous me voyez, je suis, moi aussi, né, comme l'héroïne, près de Neufchâteau, à Domremy... Oh !... que n'est-elle là, la sainte et vaillante fille, pour culbuter messieurs les Allemands, les soldats de Guillaume de Prusse, comme elle battit autrefois les Anglais sous les murs d'Orléans !...

Après une pause, durant laquelle l'hôtesse remplit nos verres, pendant que le bonhomme vidait le sien, elle arrangea la mèche d'une lampe à huile, lampe fumeuse accrochée près de l'âtre.

Le vieillard venait de reprendre, comme se parlant à lui-même, avec des hochements de tête significatifs :

— Heureusement qu'on affirme que le général Bourbaki, dont on dit le plus grand bien et qui, à tous, inspire la confiance, vient, à la tête d'une armée, débloquer notre Belfort... Peut-être celui-là, sera-t-il plus heureux que les autres et, arrivera-t-il à chasser l'ennemi qui, dans nos cols, est voué à une mort certaine, s'il ose s'y aventurer témérairement...

— Et par quels moyens ? questionna Léon Charves.

— Par quels moyens ?..... répéta le vieillard transfiguré en se levant, les yeux emplis d'éclairs. Mais, jeune homme, vous ne devez pas ignorer les avantages que nous donne la *Nature*, ni non plus qu'un Vosgien peut tenir tête à cent ennemis... même des plus farouches et des plus osés, quand il veut..., l'embuscade est le fort de nos montagnards...

— Je le sais..., les Vosgiens sont des braves.

— Alors, pourquoi votre question ?

— Pour savoir, répondit Charves, si tous sont comme celui que nous avons vu mourir il y a trois jours en donnant aux Francs-Tireurs du col que nous occupions, aux Francs-Tireurs embusqués dans les bois, les moyens d'exterminer une compagnie ennemie jusqu'au dernier de ses soldats.

— Ah !... Et où donc ça, jeune homme ?

— Au Bramont, après la déroute de Gérardmer, la *débâcle* dont vous parliez tantôt et le passage des débris de nos malheureuses troupes régulières battant en retraite, démembrées par le nombre des assaillants, brisées par les fatigues, le froid et la faim, manquant de tout, de munitions et de vivres, paralysées par leurs convois trop nombreux de blessés.

— Et vous dites, prononça le vieux fébrilement, qu'un Vosgien est mort pour donner la victoire à nos soldats-partisans, ces chers francs-tireurs de la montagne ?

— Oui !... mort... stoïquement... sacrifiant sa vie sans regrets, sûr qu'il était qu'il allait mourir !

— Savez-vous son nom ?

— On le nommait Netzer... et je peux vous assurer que c'était un rude homme, un de ces courageux travailleurs des forêts qu'on désigne sous la qualification de *schliteur* (1), de ces hommes indépendants, fiers, forts et hardis, qu'on rencontre un peu partout sur les voies boisées, dans vos montagnes si riches.

— Netzer... Netzer?..., répétait le vieux, paraissant chercher dans sa mémoire. Non ! je ne le connais pas,.. Mais qu'importe..., *un schliteur*, je sais ce que c'est ; car, avant de travailler à Mirecourt, dans les scieries de bois pour instruments de musique, j'ai été, moi aussi, un bon schliteur. Ah ! pour ce métier, c'est comme pour l'*amour* et le service de la *Patrie*... il faut être jeune, solide, vigoureux, courageux, intrépide... ou alors, adieu tout !... on n'est pas schliteur !... Pour être un vrai schliteur, il faut être un *homme* complet... tonnerre !...

Et le vieux, comme enflammé par ce qu'il venait d'entendre et de dire, frappa du poing sur la table, avec un bon rire sur les lèvres, avec dans les yeux comme une lueur d'admiration et d'orgueil. Se rasseyant, il ajouta en caressant sa longue barbe blanche :

— Ah !... jeune homme, contez-nous donc votre histoire...

— Volontiers... Cependant, j'estime que notre cher aîné, le poète Canonges, me semble tout

---

(1) **Les schliteurs** descendent sur des voies boisées posées en forme de rails sur le versants des monts jusqu'aux profondeurs de la vallée, de lourds traîneaux chargés de bois coupé en bûches, traîneaux qu'ils retiennent derrière eux, sur la pente, et de toutes leurs forces physiques décuplées, s'arcboutant les jambes étendues, se retenant avec les pieds aux traverses ralliant entre elles les parallèles qui forment la voie.

indiqué pour être le narrateur, et que, plus que moi, il fera valoir tous les détails de la belle conduite de celui que j'appellerai l'humble, modeste et obscur, mais moderne et sublime *Curtius*. Oui, Curtius..., car, ainsi que le personnage légendaire, célèbre dans les traditions romaines, ce noir **schliteur des Vosges** ne s'est-il point jeté volontairement dans le gouffre, sûr qu'il était d'avance d'y trouver une mort certaine ? Et ce, pour sauver la Patrie menacée par des ennemis féroces foulant son sol, venant désoler nos villes et nos campagnes, souiller nos demeures, y apporter le déshonneur et la ruine par : le viol, le vol et l'incendie.

— Tu as raison Charves, prononça en se levant le poète engagé volontaire. Aussi consens-je de grand cœur à raconter la fin *sublime* — c'est ton mot et je l'adopte, — du héros que nous avons vu mourir et que tu viens de signaler à l'attention de tous.

IV

Le poète, après s'être placé au milieu de nous, commença, s'adressant directement à moi.

— Tu sais, *Tige*, me fit-il, que tu m'avais donné la copie des vers que tu avais pensés et écrits dans le poste de la mairie de Remiremont, me priant de te lire et de te corriger, si besoin était ?...

— Oui, répondis-je, eh bien ?...

— Ecoute, et tu comprendras ; l'histoire en vaut la peine.

Nous nous recueillîmes tous. Et, pendant plus d'une heure, le narrateur parla.

Il dit :

— Nous avions pu, Charves et moi, reprendre notre cher drapeau qui, dès le lendemain, serait tombé entre les mains des Prussiens. Nous avions pu ensuite arriver sans encombre jusqu'à *la Bresse* et gagner le *col de Bramont* par des chemins de traverse connus de nous. Malgré la neige, nous pûmes escalader le mont et parvenir au haut du col sans tomber dans une embuscade, notre seule crainte de tous les instants. Sur le plateau assez spacieux, entre des amoncellements de bois coupé et empilé, nous nous trouvâmes devant une cabane faite de planches et recouverte de terre, sorte de hutte. Charves alla frapper à la porte.

Comme personne ne répondait, nous prîmes la résolution de faire sauter cette porte à l'aide d'une forte cognée, sorte de *bisoire* qui se trouvait là, près d'un tas de bois, placée à notre portée, comme tout exprès.

— Tiens, fis-je à Léon ; vois, c'est la Providence qui nous a conduits ici. Cette cabane s'offre à nous... passons-y la nuit pour nous remettre de nos fatigues et nous mettre à l'abri du froid ; demain matin, nous nous remettrons en route.

Saisissant la hache, je me disposais à enfoncer la porte, quand nous vîmes surgir, à travers les sapins, un homme jeune, de haute stature, à la figure mâle et caractéristique, rehaussée par de beaux yeux noirs, une abondante chevelure crépue, brune comme la longue barbe du nouveau venu qui, en nous abordant avec un bon sourire, prononça :

— Depuis quand des soldats français ont-ils pris l'habitude de rentrer chez leur hôte à coup de hache ?... Halte-là !... mes braves... ma maison est la vôtre ; mais, de grâce, respectez-en la porte que je vais vous ouvrir.

Je posai l'outil. L'homme passa devant nous, et, nous invitant du geste à entrer, il continua :

— Laissez là ma cognée, entrez dans ma demeure, je vais faire du feu, vous offrir une assiettée de gaudes bien chaudes, un verre de *kirchette*, et nous causerons.

Nous nous empressâmes d'obéir à l'invitation. Nous tombions de fatigue et nous avions faim.

Le froid était piquant. L'homme nous fit asseoir sur sa rustique couchette, battit le briquet, et alluma une chandelle de suif plantée dans un morceau de bois et se mit en devoir de nous faire une bonne flambée. Un quart d'heure après nous étions restaurés.

La conversation s'engagea. Nous apprîmes à notre hôte le but de notre mission, il nous félicita. Lui ayant montré un coin de notre drapeau, il nous demanda comme une grande faveur de pouvoir y toucher, ce que nous lui accordâmes.

Tirant l'étoffe sacrée aux *trois couleurs* de dessous mon vêtement, je fis comprendre à l'homme que, par nécessité indispensable, nous avions dû la retirer de sa hampe qui n'était autre que le bâton que tenait Charves. Notre hôte, alors, s'agenouilla et, prenant l'étoffe de soie dans ses mains noires et calleuses, il la baisa longuement.

Quand il se releva, nous vîmes deux larmes qui sillonnaient ses joues... Cependant, il riait.

Comme pour excuser ce qu'il prenait pour sa faiblesse, ce qui le rendait honteux devant nous, il nous dit d'une voix sombre, coupée par l'émotion :

— Ne faites pas attention... que voulez-vous, c'est plus fort que moi... jamais, même au service, pareil bonheur ne m'était arrivé...

Et, superbe, redressant la taille, il s'écria avec force :

— Ah ! maintenant, les Prussiens peuvent venir dans la vallée... je saurai leur montrer ce qu'on est, ce qu'on vaut, ce qu'on peut, quand il vous a été donné de pouvoir embrasser bien à son aise le drapeau de la France.

Il y eut un silence. Charves et moi, nous étions réellement émus par cette scène.

Je rompis ce silence qui devenait pénible.

— Quel est votre métier ? fis-je à notre hôte, pour lequel, en notre âme, naissait l'admiration.

— *Schliteur !* répondit-il.

— Bûcheron ? questionna Charves.

— Non ! *Schliteur*, répéta l'homme en appuyant sur le mot ; et il nous expliqua tous les détails de son rude et périlleux état.

— Etes-vous marié ? repris-je.

— Non !... je vis seul, ici, en vrai sauvage, en homme des bois. Depuis ma sortie du régiment, je suis revenu à la montagne et je redescends rarement à la ville. Au bourg de la Bresse je n'ai point encore rencontré une âme capable de répondre à la mienne...

Il eut un long soupir et continua :

— Pas de belle jeune fille me donnant son amour, me faisant le sacrifice de sa vie... Je suis si pauvre !... Or, n'aimant personne, ayant le cœur entièrement libre, j'estime que la France est une assez belle maîtresse et une assez bonne mère à la fois pour qu'on lui donne *tout*, surtout lorsqu'elle est menacée. Et pour commencer à accomplir mon devoir d'amant et de fils, pour me livrer au culte de ma seule religion qui est l'*amour de la Patrie*, j'abats des arbres pour encombrer les sentes du col, la route de la vallée, pour barrer le chemin aux ennemis de celle que j'aime, que vous aimez... que nous défendrons parce que nous devons la défendre .. donc, je coupe, je taille...

— Eh bien, mon cher hôte, repris-je en m'efforçant de sourire en vidant mon verre que remplit aussitôt l'homme, vous ne seriez pas d'accord, vous, le *Schliteur*, avec un mien ami... un tout jeune poète qui, comme moi, s'est fait soldat.

— Et pourquoi donc ?

— Parce que mon jeune frère d'armes qui comprend encore peu le métier des armes et les besoins de la guerre n'admet pas qu'on coupe les arbres.

— Ah !... Eh bien, en voilà une drôle d'idée ! fit l'homme comme tout étonné de ma confidence.

— C'est comme j'ai l'honneur de vous le dire... n'est-ce pas, Charves ?

— Oui, répondit Léon.

— Cependant... quand il le faut ? objecta l'homme qui paraissait réfléchir.

— Que voulez-vous ? chacun pense selon ses idées et ses goûts... Mon jeune ami aime la nature... et, s'inspirant d'Elle et de mon cher devancier Pierre Dupont, le célèbre chantre de cette nature, le glorieux enfant de Lyon, il a donc rimé ses pensées qu'il m'a prié de lire et corriger, littérairement.

— Comment, corriger... vous savez donc lire et écrire, vous, militaire ?

— Oui... mon ami, j'ai ce bonheur.

— Pas moi !... fit l'homme en baissant la tête... mais qu'importe, on n'a pas besoin d'être savant pour connaître et faire son devoir...

Et, comme se ravisant, il ajouta, presque soucieux :

— Et que dit-il donc, votre ami, contre les schliteurs ?

Je m'empressai de répondre :

— Oh !... ce n'est pas absolument contre vous qu'il parle... Je vous l'ai dit, il est poète, admire les sapins... et il les fait parler.

— Comment ! riposta l'homme avec un gros rire, il fait parler les arbres ?... Ah ! par exemple, je serais curieux de savoir ce qu'il peut bien s'imaginer de leur faire dire... aux arbres... votre ami ; aux arbres que je frappe de ma cognée, arme tranchante, aux sapins géants que j'abats, qui me font vivre et... me chauffent, comme ils font vivre tous mes frères vosgiens, les *Schliteurs* et les *Résiniers*.

— Vous tenez absolument à le savoir ?

— Oui, ça me fera plaisir, ça m'égayera... et je travaillerai pour vous deux pendant ce temps-là... Est-ce qu'il y en a pour longtemps ?

— Non... pour quelques minutes seulement, répondis-je.

Tirant alors de mon portefeuille que je venais de sortir de la poche de ma tunique, la pièce de vers intitulée : **Dans les sapins!** Je la montrai à **notre hôte** qui me dit :

— Lisez, lisez moi ça... ça doit être bien drôle...

Je lus :

I

Dans les sapins géants de l'immense vallée
    J'aime à porter mes pas.
Là, mon pauvre penser reprend son envolée,
    Je cesse d'être las !
O fiers sapins si beaux, à la verte ramure,
    Qui montez vers les cieux
scaladant les monts !.. votre profond murmure
    Rend mon front soucieux.
Eole est avec vous, symphonie ou tempête,
    Vous chantez dans les airs
En votre hymne immortel, la foudre qui s'apprête
    A lancer ses éclairs.
Vos poumons sont puissants, souffle grand, orgue
                                   [immense,
    Œuvre du Créateur !..
Vos accords pénétrants doublent ma fièvre intense...
    Et je crains votre auteur !...

II

Clémente Majesté qui planes sur la terre !
    Créant l'arbre géant,
Tu le fis bienfaisant, frère du grand mystère
    De vie et du néant !
.. ..

Sous le soleil ardent, en la saison nouvelle,
    Il abrite l'amour.

Sous ses rameaux ombreux, la tendre jouvencelle
    Attend la fin du jour.
Par l'ombre enveloppé, drapé comme un fantôme
    En la dure saison,
Il est droit, grand et vert, roi du modeste atôme
    Méprisant sa chanson.

. . . .

Lorsque le noir *Schliteur* frappe de sa coquée
    Cet arbre tout-puissant,
On entend des sanglots dans la verte ramée.
    Passer en lui disant :

    « Frappe-nous, schliteur téméraire !
    « Nous qui vivions de longs hivers.
    « Nous viendrons te rendre à la terre,
    « Avec toi, nous livrant aux vers.
    « Pourquoi viens-tu couper nos branches ?...
    « Pour ton *Commerce* et tes *vaisseaux* ?...
    « Toi..., qui vas nous réduire en planches,
    « Songe aux compagnes des tombeaux...
    « Nous vivions, protégant ta tête,
    « Aux jours des plus fortes chaleurs.
    « Nous savions braver la tempête,
    « Te préserver du ciel en pleurs...
    « Prends notre sang, — notre résine.
    « Pour te guérir de bien des maux
    « Et de ta main, traître, assassine
    « Frappe-nous, coupe nos rameaux !...

. . . .

    « Nous vis-tu, quand tombait la neige,
    « Majestueux sous son manteau ;
    « Quand des frimas le noir cortège
    « Venait pour sévir, à nouveau ?

« Vis-tu nos purs brillants de givre
« Suspendus sur nos écrins verts,
« Qui faisaient notre orgueil de vivre,
« Riches..., bravant tous les hivers !

. . . .

« Adieu, la chanson maternelle
« Dont nous te bercions, tout enfant,
« Puisque ton arme criminelle,
« *Homme*, te fera triomphant !
« Brûle nos branches inutiles,
« Réchauffe-t'en, noir travailleur !
« Toutes nos plaintes sont futiles...
« Reste égoïste... âpre... et railleur !

. . . .

« Brûle, ô ma ramure embaumée !...
« Résine, ah ! crépite en ce feu !...
« En spirales, monte, ô fumée,
« Dans la profondeur du ciel bleu !.., »

. . . .

— Puis, cet hymne passa, comme une ombre plaintive
    En les sapins.... perdu !...
Mon cœur s'était serré, mon âme était craintive,
    Mon penser confondu...

. . . .

Je venais de m'arrêter de lire. Notre hôte, qui continuait à travailler, en présence de mon silence, releva la tête.

— Eh bien ?... questionna-t-il.

— C'est fini, fis-je en replaçant la poésie dans mon portefeuille.

L'homme eut un rire presque railleur et se remit à l'ouvrage. A l'aide d'un couteau court, à lame forte, étroite et pointue, il continuait à sculpter une tête de pipe en bois de merisier,

— Vous avez été vite, me dit-il, sans lever les yeux... Elle n'est pas longue, votre chanson... c'est presque dommage, je prenais plaisir à écouter les bêtises de votre camarade.

— Permettez... protestai-je, ces pensées, sans être absolument géniales, ont leur saveur.

— Comment que vous dites ça, porte-drapeau ?... *faveur* !... faveur auprès de qui ?

Je corrigeai aussitôt :

— J'ai dit *saveur* et non *faveur*... bien que vous m'ayez fait celle de m'écouter...

— Ah ! c'est que vous lisez si bien, vous, reprit le schliteur avec un gros soupir ; dites donc comme vous voudrez, moi, ces choses-là m'importent peu, ça m'est égal, je n'y comprends rien.

Et tout riant, se levant pour remplir à nouveau nos verres et moucher le luminaire, il ajouta :

— Et tenez, votre chanson ne vaut pas une bonne pipe de tabac fumée tranquillement en se reposant au coin du feu..,

Et nous observant :

— Mais, à propos... vous ne fumez donc pas, militaires ?

— Pour fumer, répondit Charves, il faudrait avoir du tabac... et une pipe...

— Et vous n'avez sans doute ni l'une ni l'autre ? questionna notre hôte, accompagnant ses paroles d'un de ses meilleurs rires bruyants d'homme rude.

— J'avoue, fis-je en m'efforçant de me mettre à son diapason... que nous manquons...

— De tout ?... Ah !... ah !... ah !... Eh bien, je ne veux pas, moi, qu'on puisse dire de vous, de vous, étant sous mon toit, ce que disait mon vieux grognard de grand-papa : — « *T'sais m'fieu, si t'nas point d' pipe, to point b'soin d' toubac... comme dans c't'évangile s'lon Saint-Mathurin, qu'est v'nu aux cols du Bonhomme et du Pussan dire c' que l'bon Jésus baillait à ses disciples :* — « *Quand eune fois on n'a point d' toubac, on n'a point non plus b'soin d' pipe...* » Ah !... ah !... ah !... C'est qu'il était bon farceur, grand-papa !...

Et, toujours riant, notre grand gaillard de schliteur continuait en nous tendant, à chacun, une pipe neuve qu'il venait de terminer et de bourrer.

— Tenez, fit-il, en tendant les deux mains, faites de la fumée... celle-là vaudra mieux que celle de votre ami qui, dans sa chanson, fait parler les sapins... Il n'est pas bien fort ni malin, votre camarade... C'est sans doute un homme de la grande ville, un jeune monsieur qui ne comprend rien aux choses de notre métier, aux besoins de notre commerce et de notre existence... car, enfin, saisissez bien ce que je vous dis : si je n'avais pas abattu des branches de merisier, que j'ai pu travailler à votre intention, vous ne pourriez pas fumer en buvant mon kirch vieux, fumer tous les deux, dans une bonne pipe parfumée que je vous offre et vous prie de conserver en souvenir du schliteur qui est heureux de vous posséder, cette nuit ; vous, de braves soldats, et de défendre avec vous, au besoin, votre admirable chiffon de belle soie tricolore, avec du *bleu* comme l'étaient les vieux comme mon grand-papa, les républicains sans culotte de 1792 et les soldats du *Petit*... en

1806..., avec du *blanc*, comme l'oriflamme de notre Jeanne d'Arc, notre Lorraine..., avec du *rouge* comme le sang qu'on est heureux de verser quand le drapeau de la France que vous portez, et qui me tient au cœur, est en cas de péril comme en ces terribles moments...

V

On venait de heurter à la porte, nous allumions nos pipes aux braises de l'âtre.

— Chut !... fit notre hôte en prêtant l'oreille et en se mettant un doigt sur la bouche.. écoutons !...

Une voix disait au dehors :

— Netzer..., ouvre... ouvre vite... j'ai à te parler.

Se retournant sur nous, celui qu'on venait d'appeler par son nom nous dit :

— C'est le capitaine Sauvage, le commandant de la compagnie des francs-tireurs réguliers.

Après ces paroles prononcées à voix basse, le schliteur se dirigea vers la porte de l'habitation ajoutant :

— Je vais vous présenter au capitaine, c'est un brave, il sera heureux de vous trouver ici.

Il ouvrit... l'air froid de la nuit vint nous souffleter et faire vaciller la faible lueur indécise de la chandelle qui achevait de brûler.

Nous vîmes entrer un homme petit et trapu, portant un costume bizarre : chapeau de feutre gris à larges bords garni de plumes de coq, vêtu d'une vareuse bleue retenue à la taille par une large ceinture rouge en laine, faisant plusieurs fois le tour du corps de celui que le schliteur avait appelé le capitaine. Sur cette ceinture, était bouclé un ceinturon de cuir noir à plaque de cuivre, retenant un sabre d'officier à fourreau d'acier ; et, passés dans le ceinturon, brillaient les crosses et les canons de deux revolvers de fort calibre. Chaussé de hautes bottes en cuir jaune montant au-dessus du genou, à mi-cuisse, on voyait peu du pantalon de velours brun à côtes, ornementé sur les côtés, de bandes rouges semblables à celles qu'ont les pantalons d'artilleurs ou des soldats du génie. Le visage de l'officier, avec ses grands yeux bleus, était doux et entièrement rasé.

Le schliteur nous présenta, en peu de mots, il fit connaître à l'officier qui nous étions. Des poignées de mains s'échangèrent, et nous vidâmes un nouveau verre de kirch en trinquant à la France, à la Lorraine et à l'Alsace.

VI

— Netzer... j'ai besoin de toi... fit doucement le capitaine dont la voix était flûtée comme celle d'une femme. Mes braves sont embusqués, ils attendent. Rien ne bouge, rien ne peut révéler leur présence dans ces bois... mais les Prussiens qui ont suivi la retraite de notre armée malheureuse, défaite à Gérardmer, ne tarderont pas à emplir la vallée...

— Tonnerre !... fit le schliteur, en serrant le poings...

— Tais-toi, reste tranquille et écoute... avant toute chose, il convient d'agir avec sang-froid. Oui, les soldats de Guillaume arrivent .. Déjà, une compagnie s'est aventurée en bas, afin de tenter de tourner le col ; afin d'arriver à *La Bresse*... et de là, plus loin, où ils comptent attaquer à nouveau l'armée en déroute... Il nous faut donc, avant tout, protéger la retraite et permettre à nos malheureux frères d'armes de se reconnaître avant qu'une nouvelle surprise puisse les atteindre. Les Allemands qui sont en bas, passés, d'autres passeront... et moi, je ne veux pas qu'il en puisse passer un seul. J'ai défendu à mes hommes de tirer, quoi qu'il arrive... Ils sont disciplinés, ils m'obéiront... et nous ferons, je crois, de la bonne besogne quand il en sera temps, quand l'heure aura sonné enfin !... Selon moi, il faut laisser ces messieurs se croire en parfaite sécurité et accomplissant une promenade militaire en pays conquis et déserté. La route de la vallée est étroite, bordée de ravins. Elle est semée d'embûches, encombrée de bois coupé, empilé, d'arbres jetés sur la pente, la barrant presque. Seule, la voie de ta schlite recouverte de neige est praticable... De chaque côté, dans l'épaisseur du taillis, sont échelonnés mes vaillants et adroits tireurs qui, rarement, brûlent de la poudre pour rien ; ils sont tout prêts à vendre chèrement leur peau, comme on dit. Dans ces dispositions, je suis sûr d'eux. Mais, pour ne pas donner l'éveil, il convient de se débarrasser au plus tôt de la sentinelle qu'ils ont placée, en arrivant au pied du mont, et qui n'a, pour monter sa faction, que l'étroit carré du bas, que tu dénommes la gare de ta schlite... Je compte donc sur toi, tu es et ne seras pour eux, si tu es aperçu, — ce qui serait regrettable — qu'un ouvrier sans défense. Tu n'éveilleras donc point leur défiance, si tu étais découvert. Sois rusé, adroit. Imagine, combine... afin d'enlever ce factionnaire sans qu'il puisse crier ni faire usage de son arme à feu, ce qui pourrait donner l'éveil et faire échouer mon plan.

Lorsque ton coup de main sera fait, en rampant sur la terre, entre les arbres, par les sentiers que tu connais, tu nous feras entendre trois fois répété le cri imité de la hulotte... Alors, sortant de nos positions, je vous garantis, messieurs, ajouta le capitaine avec de sombres flammes dans ses yeux d'acier et s'adressant à Charves et à moi, que pas un Allemand de ceux qui sont en bas ne pourra se vanter un jour d'avoir passé ce col, tant qu'il restera un seul de mes hommes vivants.

Le schliteur, qui paraissait mûrement réfléchir depuis quelques instants, le visage dans les mains, sortant de sa rêverie, se secouant, répondit sourdement au capitaine :

— Vous serez satisfait !... La neige amortit le bruit des pas... je sais ce qui me reste à faire... Partez capitaine... je ferai mon devoir, vous serez obéi...

Il y a ici, non seulement le sol, mais *le drapeau de la France* à protéger et à défendre !... Auguste Netzer saura tenter l'impossible pour faire réussir votre entreprise hardie ! Il sera digne de son aïeul et de son père défunts, qui, ce dernier, sut se faire connaître en Afrique, en Crimée et en Italie

— Ah! mille millions de cartouches! s'écria l'officier, tiens, embrasse-moi, Netzer!... fils et petit-fils de braves, tu es un brave !

Le franc-tireur ne savait pas si bien dire.

Les deux hommes tombèrent dans les bras l'un de l'autre et longuement se donnèrent l'accolade fraternelle que seuls peuvent comprendre ceux qui ont vécu les luttes des champs de bataille et les moments terribles pleins d'incertitudes qui précèdent les attaques.

Après ces épanchements, ils se séparèrent.

VII

A peine l'officier était-il sorti, le schliteur, tout pensif, nous dit :

— Je vais souffler la chandelle..., ils sont en bas..., il faut que ma porte reste ouverte... la lumière pourrait nous trahir... Si les *choucroutmann* nous apercevaient, ils pourraient tirer... ce qu'il ne faut pas ; car, alors, le plan du capitaine et le mien seraient manqués...

— Que voulez-vous donc faire ? questionna Charves, anxieux et perplexe.

— Cette fois, comme votre camarade de la feuille de papier, de la chanson... faire chanter les arbres... mais à ma façon, en *Schliteur-soldat !*.. Oui, faire chanter les arbres coupés et couchés sur mon chariot... Ma schlite me servira de clarinette dans ce concert de circonstances. A défaut de fusil... la neige jouera le rôle de la poudre et les bûches celui des balles... et ma *brouette*... mon...

comment dites-vous ça, vous autres à la ville...
d'engin de guerre...

— Nous serons avec vous, Netzer, fîmes-nous, Charves et moi, comme mus par la même pensée.

— Non !... laissez-moi agir seul... Vous ne connaissez pas mon métier, vous me gêneriez sans m'être utiles et vous vous exposeriez vous et votre *drapeau*. Je vous demande donc de rester ici jusqu'à nouvel ordre, muets et spectateurs. Si je réussis dans ce que je veux tenter de faire, vous vous montrerez et vous pourrez venir vous mêler aux francs-tireurs. Si, au contraire, j'échoue... alors vous ferez comme vous pourrez et pour le mieux... mais ne bougez pas d'ici avant d'avoir entendu le signal convenu et que je dois faire entendre au capitaine qui l'attend ou le coup de feu de la sentinelle.

VIII

Le Schliteur sortit à son tour, nous laissant dans les ténèbres de la cabane.

Au-dessus de nous, dans un ciel étoilé, Phœbé brillait radieuse comme pour éclairer ce magnifique, grandiose tableau et la scène tragique et inoubliable qui allait s'y dérouler.

Le vent du nord balançait soufflant dans les branches la cime de la haute futaie. La bise, avec le matin, devenait glaciale.

Bientôt, nous entendîmes un bruit sourd comme un fardeau qu'on traîne ; et nous vîmes passer le schliteur, devenu *Hercule*, engageant dans la descente, dans le gouffre, l'abîme du col, sur la voie de la schlite, son lourd chariot charné de longues et fortes bûches de pins ; lui devant, les jambes étendues sur la voie, les pieds aux premières traverses ou échelons de la gigantesque échelle escaladant le mont du bas en haut, retenant le chargement monstrueux avec son dos.

Tout à coup, en moins de temps qu'il n'en faut pour le raconter ou l'écrire — un éclair — tout disparut, vertigineusement... sur la pente. Nous entendîmes deux cris étouffés... et tout redevint silencieux.

Inquiets, nous allions descendre, quand un déchirement d'armes à feu vint troubler les échos, puis des cris et encore des coups de feu, des commandements, et encore des cris. C'était la compagnie du capitaine Sauvage qui attaquait les Prussiens surpris et tombés dans l'embuscade si bien combinée.

Le combat dura plus de quatre heures, acharné, terrible, meurtrier, sans merci.

Quand l'aurore vint déchirer de ses ongles roses le voile des ténèbres qui avaient couvert la forêt et la voie de la schlite pendant cette horrible nuit, la neige était teinte de sang, le sol jonché de cadavres ennemis et de ceux de quelques vaillants francs-tireurs tombés là, glorieux en combattants... Ah ! comme alors je serrais mon drapeau sur mon cœur.

Le capitaine, tête nue, le visage noir de poudre, était penché sur un de ces cadavres sanglants, qui n'était autre que celui d'Auguste Netzer, *le moderne Curtius*, comme vous l'a baptisé notre ami Charves.

— Mort !... nous écriâmes-nous en nous approchant de l'officier.

— Oui, nous répondit-il en hochant la tête... mort en vrai héros, mort volontairement, se tuant pour obéir à mes ordres et sauver la Patrie. Tenez, ajouta le capitaine en nous désignant un point assez éloigné dans la vallée, voyez, en bas, son chariot brisé...

— Eh bien ?...

— Eh bien, reprit-il sans lâcher la dépouille de Netzer, quand ce brave des braves a entendu le qui : *Qui vive!* de l'Allemand qui le voyait arriver maintenant son fardeau, il a laissé passer sur lui son chargement... et la Schlite est descendue sans dérailler, arme terrible, venant broyer la sentinelle avant qu'elle n'ait pu se garer pour éviter le monstre semblant venir du ciel pour anéantir et précipiter dans les abîmes de l'enfer un des soldats de von Bismarck, un soldat chargé de veiller à la sécurité des autres se reposant sur lui, et cela avant qu'il n'ait pu épauler son arme qui devait donner l'éveil.

N'entendant pas le signal convenu et que devait nous donner le brave Netzer, en une seconde, j'avais cru comprendre ce qui s'était passé. Alors, nous nous sommes rués sur les Prussiens que nous avons fusillés jusqu'au dernier. Il n'en reste pas un... et nous attendons les autres... la position est belle !...

— Mais lui ?... fis-je en montrant le cadavre du schliteur.

— C'était un rude homme ! reprit le capitaine ; donc, gloire à lui... il est mort en soldat vaillant, en Français, en vrai Vosgien.

Il vient d'exhaler son âme, de rendre le dernier soupir pour la France !... heureux du devoir bien rempli.

— Il a pu vous parler ? questionna Charves.

— Oui !... malgré ses pauvres membres brisés, son âpre souffrance physique et le sang qu'il rendait à flots par la bouche.

— Et que vous a-t-il dit ?... interrogeai-je à mon tour.

L'officier se redressa, du revers d'une de ses mains, essuyant une larme, d'une voix entrecoupée par l'émotion, lentement il commença :

— Lorsque j'arrivai près de lui, je compris qu'il était perdu ; je voulus cependant le faire secourir et j'essayais de le soulever. Il avait gardé toute sa raison, et malgré sa faiblesse il put articuler quelques phrases par monosyllabes.

— C'est inutile, prononça-t-il d'une voix éteinte... j'ai... mon affaire... je vais mourir... je le sens !...

Ses yeux se fermaient. J'essayais de le ranimer en le forçant à boire quelques gouttes de cordial.

— Assez ! fit-il en ouvrant un œil mourant.

— Comment assez !... m'écriai-je. Mais, mon pauvre garçon, je ne puis ni je ne dois te laisser mourir là, en cet endroit comme un pauvre chien... sans secours... ce serait une singulière récompense te donner après ce que tu as fait.

— *Ré...com...pense ?...* fit-il encore en essayant de me sourire... on me l'avait donnée... d'avance... ma récompense... le porte-drapeau... là-haut, les deux soldats !... Par eux, j'ai pu embrasser la **Patrie** dans son emblême... oui... le *Drapeau de la France !...*

Après ces mots, il eut une convulsion qui secoua tout son être brisé... et il retomba dans mes bras... il était mort !... Ah ! tonnerre !...

En disant ces derniers mots, en poussant son juron d'homme de guerre, le capitaine avait recouché le cadavre du héros... et, muet, s'était relevé.

. . . .

Voilà, termina le poète Canonges, comment mourut le fier, rude, noir et brave *Schliteur des Vosges*, notre cher hôte de la montagne, Auguste Netzer.

Le lendemain, après lui avoir donné la sépulture ainsi qu'à plusieurs francs-tireurs, héros obscurs, mais vaillants des batailles, nous nous remîmes en route, avec notre drapeau déployé cette fois et remis à la hampe, notre cher drapeau placé sous la garde des héroïques soldats du capitaine Sauvage.

Et c'est ainsi, mes chers amis, conclut le narrateur, que nous avons pu vous rejoindre ce soir à Giromagny.

— Ah ! fit le vieux Mesnil... Je vous avais bien dit qu'un schliteur pouvait tenir tête à cent ennemis... Ah ! mes enfants !... quelle gloire de mourir ainsi... pour son pays... à l'ombre des plis du drapeau !...

A peine avait-il achevé cette phrase, nous vîmes sa femme s'avancer. Elle était pâle, avait les yeux emplis de larmes... droite, fière et digne, elle prononça :

— Ah ! c'est bien affreux... la guerre !... Mais ne doit-on pas défendre son pays, la terre qui nous vit naître et où reposent ceux que nous avons aimés... Tenez, mes amis... je suis de tout cœur avec vous... et j'admire la conduite de notre cher *Schliteur des Vosges*... J'aime bien mon fils... je l'ai nourri de mon lait, choyé... je l'ai préservé dans son enfance contre les dangers, veillé avec sollicitude... Eh bien ! si j'apprenais qu'il est mort comme Netzer... au sein de mes larmes, oubliant ma douleur, devant celle plus grande de notre France, mère de notre immense famille de grands cœurs... je dirais à Dieu : « Merci, tu as fait de mon fils un héros, un soldat glorieux ! » et je mourrais moins malheureuse...

En ce moment, le clairon sonnait l'assemblée...

Nous quittâmes nos hôtes, et des cris enthousiastes partaient de toutes nos bouches.

Vive la France ! Vive Netzer ! Vivent le père et la mère *Mesnil* et leur fils, victorieux !

OUBLIER... JAMAIS!...
1870-1871

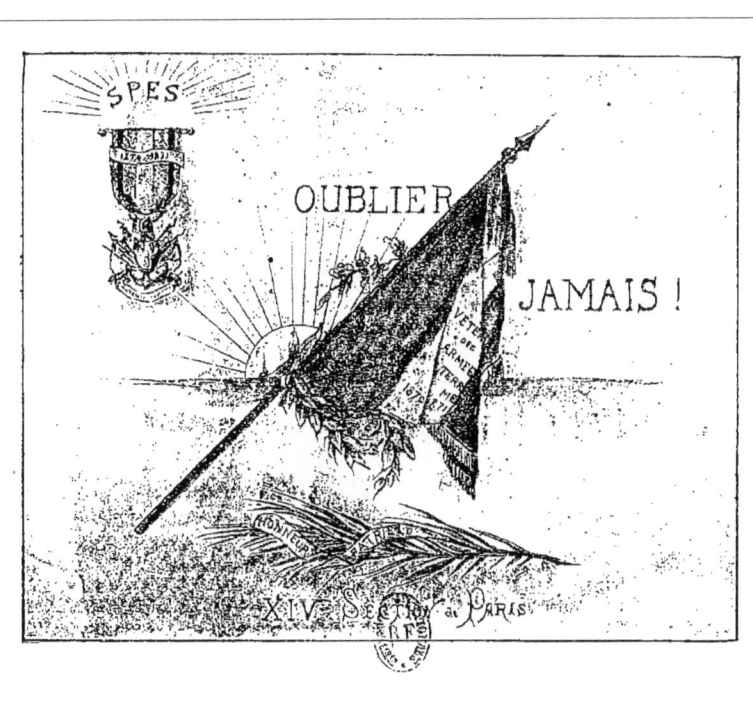

OUBLIER... JAMAIS!...

1870-1871

---

*Témoignage de profonde gratitude à
mon éditeur M.* Henri Richard.

V. Hugo n'a-t-il pas écrit, pour cette
époque de notre jeunesse ensanglantée,
l'*Année Terrible ?*

Metz n'avait point connu la puissance du maître...
La Pucelle accepta pour la défendre un traître,
Un indigne soldat... renégat et félon.
Il donna son baiser sous le bruit du canon
A la France... et Judas..., il vendit la Lorraine,
Nos drapeaux, notre armée!... Ah! l'infâme Bazaine!...
Que ce nom de bandit, que ce nouveau Judas
Soit flétri pour jamais par tous les vrais soldats!...
Strasbourg dut succomber ainsi que d'autres villes
Sous les coups des soudards Teutons, cohortes viles.
Et le fléau passa, se faisant *nombre* et *feu* !...
— Détruire, incendier, pour la **Prusse**, est un jeu !... —

. . . .

On vit tomber des *preux*, des héros, pleins d'audace,
Mourant en défendant la **Lorraine** et l'**Alsace**...

Mais **Denfert** était là... Se dressant sous l effort,
Superbe en sa bravoure il sut garder **Belfort**
A la Patrie en deuil, à notre chère France !...
Il sut lutter, longtemps, le cœur plein d'espérance.

. . . .

Sentinelle avancée, un superbe lion
Rugit à la trouée et dit : — *Rébellion !*

. . . .

Si **Bazeilles** brûla ses dernières cartouches,
Nous en avons refait... Nos canons ont des bouches
Demandant à parler sous les plis du *Drapeau* !...
Que nous importe, à nous, la mort et le tombeau !...
Nous vivrons pour refaire une France intégrale,
Glorieuse et puissante et tenant sous le râle
Les peuples sans pitié !
     France !... que désormais,
Tes fils, redisent : Non !.. Non !... **Oublier... Jamais !**...

L'ENFANT DE VALMY

L'ENFANT DE VAUMI

L'ENFANT DE VALMY

CONTE D'UN AMI DE MON GRAND-PÈRE

Au vaillant Capitaine
ARMAND DE LA LOYÈRE O. ✤,
*au défenseur de Belfort 1870-71, mon chef,
mon ami et frère d'armes.*

Un siècle a disparu depuis la grande nuit,
Souvenir immortel malgré le temps qui fuit,
Beaux jours si tourmentés inscrits dans notre histoire,
Vous fûtes le printemps des vrais fils de la gloire.

I

La bise sifflait et la nuit s'annonçait froide. Nous avions quitté nos campements établis dans la haute futaie de la « Grange-au-Bois ». Maintenant notre colonne s'ébranlait, masse de fer muette et mouvante, s'avançant au travers des brumes montant des ruisseaux de la forêt que nous venions de quitter.

Au loin, dans la pénombre, les hautes silhouettes des grands arbres ombreux, durant le jour, semblaient maintenant d'immenses fantômes menaçants.

Pas une étoile, pas de lune pour éclairer notre marche en cette nuit qui promettait d'être terrible, du 19 au 20 septembre 1792.

Tous, nous marchions silencieux et oublieux de la fatigue. C'était pour la *Patrie en danger* et pour la République.

Nous savions que notre général — Dumouriez — avait reçu l'ordre du grand Lazare Carnot, alors commissaire des armées, de rejoindre Kellermann près de Sainte-Menehould, afin de se porter avec le corps d'armée qu'il commandait contre le gros de l'armée prussienne massée dans Valmy, dont nous avions mission de nous emparer.

Dans la colonne, tout près de moi, marchaient côte à côte deux jeunes soldats, engagés volontaires comme la plupart de notre division.

C'était curieux de voir le contraste qui existait entre ces deux frères d'armes, véritables amis déjà. Gaieté chez l'un, tristesse chez l'autre ; le premier, fils de la Bourgogne, fort, vigoureux, haut en couleurs, bruyant, expansif; le second faible, pâle comme une frêle jeune fille. Tous deux étaient mes aînés... J'avais vingt ans...

En arrivant près de Dammartin, la lune, qui jusqu'alors était restée cachée derrière l'amoncellement des nues noires, poussées par un violent vent d'ouest, vint nous éclairer de ses rayons — bien salutaires — durant quelques instants, ce qui permit à nos officiers de se reconnaître et de pouvoir plus aisément guider notre marche indécise.

II

Depuis plus d'une heure, le chétif Léonard semblait anxieux, en proie à de noires pensées. Tout à coup, il releva la tête; d'un prompt mouvement, prenant de sa main laissée libre par le port de l'arme le poignet de son gai compagnon, allongeant le cou ; des yeux, il lui désignait de l'autre côté de la rivière une chaumière basse, au toit enfumé et, plus loin, un grand mur blanc. La première se dressait comme une ombre noire à peine aperçue, noyée dans la nuit ; le second, comme un spectre lugubre et blafard enveloppé de son suaire.

— Tu vois, Dambry, commença le petit soldat d'une voix douce et triste rendue tremblante par l'émotion ; là-bas, c'est le hameau où je suis né, le cher village, la maison aimée et qui attire. C'est là que m'attendent mon vieux père et Thérèse ma fiancée. Plus loin, ce grand mur blanc d'où émerge la cime de sombres cyprès, c'est... c'est le cimetière où repose ma mère.

Il s'était tu. Deux grosses larmes coulaient le long des joues hâves et creuses du pâle enfant, mais bientôt il reprit comme au sortir d'un rêve :

— Et pourtant... si tu voulais,... toi, mon ami, tu pourrais me procurer peut-être un dernier bonheur, un instant de véritable joie, rendre mon cœur heureux.

— Moi ? venait de répondre l'interpellé, étonné.

— Oui, toi !... et je reviendrai plus joyeux et

plus fier, réconforté, me faire tuer s'il le faut pour notre chère France !

En parlant ainsi, le rose, né sur ses joues, naguère si blêmes, était monté à son front.

— Que veux-tu donc faire, Léonard ?

Allongeant, le bras, d'un geste muet et significatif, le petit volontaire désignait la masure où brillait au loin, comme un point ensanglanté au milieu des ténèbres de la nuit, une lumière rougeâtre, illuminant le dessous du rebord de la toiture faite de chaume, s'éclairant en dessus, des étincelles sortant en gerbes épaisses de la cheminée en pierre et montant dans des échappées de fumée blanche, s'élevant en spirale dans l'air de cette nuit grise ; puis tout bas, comme à lui-même et sourdement, tout en semblant continuer inconsciemment sa marche, il ajouta : Ah ! aller là-bas, ne fût-ce qu'un instant et dussé-je en mourir ! »

III

Je m'étais rapproché d'eux, et, me mêlant au dialogue de mes amis je m'empressai de dire : « Prenez-y garde, le capitaine Danty est un homme juste et bon, mais dur dans le service, ne pardonnant pas, même aux besoins du cœur et à la sentimentalité qu'il paraît vouloir ignorer quand il se trouve devant l'ennemi, comme nous le sommes à l'heure presente. »

Mais, avant que j'aie pu terminer d'exprimer ma pensée, Dambry avait répondu : « Pars, Léonard, mais reviens vite ! Si par malheur tu tardais trop, sur notre amitié, et au risque de ma vie — à laquelle je tiens, ajouta-t-il avec un gros rire peu de circonstance — pour toi, confiant en ton honneur de soldat désireux de faire ton devoir, à l'appel je répondrai ! »

Léonard, qui marchait sur les derniers rangs de l'arrière-garde, embrassa le Bourguignon, et l'enfant de *Sambre-et-Meuse*, doucement, ralentit le pas pour disparaître au-dessous du talus qui bordait la rivière.

IV

Déjà, pour nous le sol montait. Après les routes encaissées d'ornières boueuses dans lesquelles les roues des carrioles de notre convoi s'enfonçaient, ainsi que celles des affûts des pièces de canon, c'était maintenant une voie dure, montante et solide.

Au loin, sur un petit monticule, on apercevait bien distinctement, malgré les colonnes de brouillard et la nuit que tout engrisonnait, la noire silhouette du *Moulin de Valmy* avec ses grandes ailes décharnées, au repos, et dominant la position à prendre.

Un mouvement de recul se fit, provenant de la tête de notre colonne, produisant un choc et un cliquetis d'armes ; on venait de commander halte ; et nous dûmes rester là, à l'endroit même où venait de disparaître notre jeune ami, pendant près de deux heures. Ordre nous fut donné de nous coucher sans bruit sur le sol pour attendre les événements.

En prêtant attention on pouvait distinguer, non très loin de nous, une masse énorme et grouillante ressemblant à un champ de blé fortement secoué par le vent qui, du reste, ne diminuait pas et nous amenait une poussière aveuglante.

Pendant ce temps, l'enfant de la Marne, se souvenant des habitudes garçonnières de sa prime jeunesse, avait marché jusqu'à un point bien connu de lui où, amarrée, il savait trouver la barque du passeur.

On était arrivé à l'époque, pour ces contrées, des terres stériles ; de l'autre côté de la rivière. elles s'étendaient devant Léonard, avec une décevante réalité de tristesse.

Bientôt, il toucha l'autre rive, attacha la barque, explora les environs et, après avoir prudemment armé son fusil, il se dirigea aussi promptement que possible, évitant de tomber dans une embuscade, vers le toit paternel, fixant toujours le point lumineux de la fenêtre qui lui servait de guide.

Le silence le plus profond régnait partout. A peine quelques lointains aboiements de chiens des fermes venaient-ils, par intervalles, troubler les échos, au point que celui qui aurait ignoré les deux corps d'armées en présence, aurait cru au calme le plus complet à cette heure de la nuit où tout dort d'habitude. Mais les paysans de la Marne savaient bien qu'il en était autrement.

V

— Holà Marianne ! Holà Thérèse ! clama sourdement Léonard en frappant un coup léger de la crosse de son arme à la porte de chêne massive de la masure.

Aussitôt une vieille servante parut sur le seuil de la porte qui, en s'ouvrant, inonda de lumière l'enfant de la maison. La brave femme poussa un cri de joie; mais, voyant l'uniforme du volontaire, elle promena longuement sur le chemin et autour de l'habitation ses regards scrutateurs et soupçonneux, tout en semblant aussi questionner l'arrivant ; puis, elle appela la fiancée et le vieux maître, poussant Léonard devant elle à l'intérieur, ayant pris soin de refermer la porte sur eux.

Le maître, perclus de douleurs, les membres roidis, était resté étendu dans son grand fauteuil de paille, où il passait des journées entières depuis de longs mois, placé près de l'immense cheminée, dans le foyer de laquelle flambaient en ce moment de veilles et d'inquiétudes, de fortes bûches de sapin et de hêtre.

En voyant entrer son fils, il avait tressailli de la tête aux pieds et ses yeux avaient dardé sur lui des regards emplis d'une flamme singulière pendant que la jeune fille le lui amenait.

Cette simple chaumine d'aspect pauvre était le seul héritage du vieux brave, ouvrier tisserand ; lui aussi avait payé sa dette à la patrie ; et maintenant il lui donnait son fils. Tout dans l'habitation paysanne respirait la propreté. Vers le fond, on apercevait deux lits bien blancs, le sol était fait de terre battue, les poutres, noircies par la fumée et le temps, couraient le long du plafond portant des miches de pain dorées, toutes rondes comme d'énormes galettes ; des quartiers de salé s'entassaient sur une travée suspendue. Près de la fenêtre se trouvait le métier à tisser éclairé par la lueur rougeâtre, incertaine et vacillante, d'une lampe à huile, retenue à une des poutres par un anneau d'où pendait une longue tige en fer au corps torse et terminé par un crochet. (Ces sortes de lampes moyen-âge sont encore de nos jours très employées par les habitants de ces campagnes.)

Le métier restait muet depuis l'arrivée du volontaire ; car la bonne Marianne, pour tromper le sommeil, travaillait cette nuit-là, pendant que Thérèse faisait la lecture à son père. La vieille servante, ouvrière et amie, qui prenait soin du paralytique et du ménage, tout en travaillant la plupart du temps avec la jeune fille à la confection des pièces de toile, avait cessé, au coup frappé et aux appels de Léonard, de jeter la navette sous le mécanisme où les fils se croisaient et se décroisaient à chaque bruyant battement.

Tout ce qui précède me fut raconté plus tard, par le père du simple et obscur héros de Valmy.

. . . .

Thérèse, sa fiancée — vierge-veuve — était une délicieuse enfant de seize printemps à peine, à la tête fine et presque aristocratique, bien qu'elle fût issue, comme Léonard, d'une vieille famille de tisserands. Orpheline dès son bas âge, le père Léonar I, malgré la perte cruelle et douloureuse qu'il avait dû subir en la personne de sa femme, avait adopté la jeune fille dont la morte avait été la marraine.

Le joli visage de l'orpheline était encadré de longs cheveux à la teinte blonde blé d'or, frisottant sur les tempes et vers la nuque de son cou flexible placé entre deux épaules académiques et tombantes ; avec cela, deux grands yeux d'un bleu de pervenche, dont les éclairs étaient amoindris par de longs cils et surmontés de deux sourcils — singularité — presque noirs comme les cils de ses beaux yeux de madone à l'éclat si doux. Les oreilles fines et petites, semblaient être deux mignonnes coquilles où on avait accroché des perles d'or, minuscules boucles que portait Thérèse, non par coquetterie, mais par une habitude due au sexe faible et charmant auquel appartiennent notre mère, notre sœur, notre fiancée. La bouche était une véritable merveille, d'une fraîcheur infinie, quand dans un sourire, elle laissait voir ses admirables dents. Le nez était intelligent et d'une rectitude achevée ; les seins paraissaient petits, mais déjà prometteurs dans le corsage à lacets. Tout, en un mot, dans ce corps charmant de jeune fille, était d'une maigreur gracieuse, presque sœur de l'aristocratique sveltesse. Thérèse, malgré sa taille plus qu'ordinaire, avait un très petit pied et des mains de duchesse, fines, aux doigts fuselés, que les rudes travaux du ménage et du métier n'avaient pas déformés.

A peine avait-elle reconnu son fiancé qu'elle s'était élancée vers lui et l'avait tenu longuement embrassé, l'enlaçant de ses jolis bras ; puis, elle l'avait mené vers le vieux père, pendant que Marianne recouvrait la seule table de l'humble logis d'une nappe blanche afin d'étaler dessus les aliments et les bouteilles emplies d'un petit vin gris de la Marne destinés à faire fête au volontaire.

— Père, salut ! avait prononcé le jeune homme en se penchant pour l'embrasser ; et, montrant ses armes, il avait ajouté : « Tout à l'heure, nous allons nous battre ! » Et, hâtivement, il avait raconté comment il avait pu quitter la colonne en marche et arriver jusqu'aux aimés.

Après le repas, qui fut de courte durée, Thérèse était pâle, préoccupée. Marchant sur le conscrit, elle lui prit les mains qu'elle serra dans les siennes, disant à travers des sanglots : « Ne repars pas, Léonard, non, ne repars pas, ô mon fiancé, ô mon frère ! Assez de soldats sont là-bas pour tomber dans la mêlée sanglante ! oui, assez, sans que tu ailles encore en augmenter le nombre. Reste ici, avec nous, pour nous défendre s'il le faut ; mais ne repars pas, je t'en supplie ! Reste, Léonard ! Car, si tu repartais maintenant, je sens bien que j'en mourrais.

Après ces paroles, la jeune fille était tombée, fondant en larmes, sur un siège près de la table, sa jolie tête cachée dans ses deux mains. Léonard, lui, plus pâle que jamais, semblait atterré.

. . . .

Le vieillard, par un effort surhumain, s'était levé. Marianne et Thérèse restaient muettes maintenant.

Le front du vieux brave était rayé d'un grand

pli ; ses yeux sombres et inquiets continuaient à darder des éclairs ; une tempête était sous ce crâne, grondant sourdement.

Caressant de sa débile main sa longue barbe blanche, s'appuyant de l'autre sur l'accotoir du fauteuil, gravement et lentement, s'adressant à son fils, il prononça ces mots : « Ainsi, tu es déserteur ! » Et d'un ton de commandement qui fit trembler Thérèse et Marianne, il continua : « Cours au cimetière, si Dieu t'en accorde encore le temps, fais une prière : et, en envoyant ta pensée vers l'âme de ta mère, dis-lui que mon sacrifice est complet, que tu vas combattre pour celle à qui nous devons tout ; pour la France envahie et menacée. Pars, sans regarder en arrière et sans regrets, le devoir et l'honneur t'appellent. Pars, mon enfant, ton vieux père te pardonne et te bénit ! »

Après cette terrible épreuve morale et physique, dictée par le devoir ; héroïque et grand le vieillard retomba lourdement dans son fauteuil entouré des deux femmes en pleurs, pendant que Léonard, ayant repris ses armes, s'enfuyait dans la nuit qui s'achevait, toujours sombre et silencieuse, prenant le chemin du cimetière, après avoir jeté de la main un baiser à la maison en laquelle il laissait tout ce qu'il avait de plus cher au monde.

VI

Rejoindre la colonne qui venait de reprendre sa marche avec le premier blanchissement du jour qui se faisait à l'horizon, n'était plus chose facile pour Léonard, qui avait peu compté sur le danger et moins encore sur la rigide sévérité de son capitaine, inflexible en pareil cas.

Déjà, le canon tonnait, l'action était engagée, quand, après plusieurs heures de marche, Léonard avait pu nous rejoindre ; mais il avait manqué à l'appel ; et, malgré le dévouement de son ami, son absence avait été constatée.

Quand il arriva devant Valmy — petit bourg de 600 foyers — le soleil était haut, éclairant la bataille et le sol jonché de morts- ennemis pour la plupart et de blessés ; il se rua néanmoins avec nous, entrant dans la mêlée, car les troupes de Dumouriez avaient pu opérer leur jonction avec celles de Kellermann.

Pendant une courte accalmie, notre capitaine l'ayant aperçu près de moi — je venais d'être légèrement blessé -- s'avança en lui criant : « Où étais-tu ce matin ?... Tu vas mourir de la mort des lâches ; car tu n'es qu'un vil espion indigne de combattre au milieu de braves ! » et, commandant un peloton, il ordonnait déjà d'entraîner Léonard qui, suppliant, s'écriait : « Oh ! non, non ! mon capitaine ! Non ! que je ne sois pas frappé par les balles françaises !

En peu de mots, je racontai tout à notre vaillant officier, dont la générosité égalait la bravoure et la sévérité. « Soit, répondit-il ; nous avons du reste peu de temps à perdre et nous devons garder notre poudre pour messieurs les Prussiens, » C'est bien, fit-il, en s'adressant cette fois à Léonard, montre-toi digne de l'uniforme que tu portes !... »
Et ce fut tout.

. . . .

Un pêle-mêle affreux se produisit, la terre trembla : des cris, des râles, des chevaux éventrés, des cadavres d'hommes au milieu d'affûts brisés, le bruit des charges de cavalerie mêlé à ceux de la mousqueterie, et tout se perdit dans la fumée ambiante.

VII

Après les terribles nuit et journée du 20 septembre, le drapeau français flottait avec ses fières trois couleurs, en vainqueur, sur le faîte du moulin de Valmy que nous apercevions la veille au soir dominant la position. Les ailes du vieux moudeur de grains, effondré en bien des endroits, étaient démantelées ; ses volets éventrés ne tenaient plus debout que par miracle.

L'armée prussienne était en pleine déroute ; le prince Frédéric-Charles, prince royal, songeait à battre en retraite sur Verdun ; Dumouriez était vainqueur. Un grand nombre de prisonniers, d'étendards et de canons, restaient avec la position en notre pouvoir, résultat heureux de cette première grande et décisive victoire des armées de la République.

Un pâle soleil éclairait le lieu sinistre du carnage ; quelques maisons finissaient de brûler, mêlant aux rayons de l'astre-roi leurs lueurs grandissant avec le soir.

. . . .

Ah ! cher lecteur et charmante lectrice, quelle

émotion dans la voix du vieux père Magniez en me disant : « Vois-tu, petit, je n'avais que trois ans de plus que ce que tu as à présent ; eh bien, je me souviendrai toujours du lieu de la bataille, de mon petit et frêle compagnon Léonard, véritable et jeune héros obscur.

Ecoute-moi bien. Au sein de la trouée, au moment de la jonction, le choc avait été des plus terribles, pour l'artillerie surtout ; Léonard, on ne sait comment, avait escaladé les pièces ennemies, blessant, tuant, renversant tout sur son passage.

Parvenu au moulin avec le drapeau d'un brave tombé en le défendant et ramassé par lui, il y avait planté l'oriflamme dont les plis ondulaient sous le vent, la hampe droite dardant au ciel sa pique étincelante, après l'inoubliable bataille qui venait de nous assurer la victoire qui ne devait plus de longtemps quitter les armées de la France républicaine.

. . . .

On venait de ramasser les blessés et on commençait à donner la sépulture aux victimes de cette journée. Sur un brancard gardé par une escouade, gisait un jeune volontaire. C'était Léonard, sanglant, les traits empreints d'une pâleur morbide. Le visage seul avait été épargné, son corps n'était plus qu'une plaie, un bras et une jambe lui manquaient.

En me reconnaissant, — ah ! souvenir poignant — il eut encore la force de volonté de tourner ses regards vers moi ; il ne paraissait pas souffrir, pas une plainte ne s'échappait de ses lèvres, sur lesquelles je vis errer un sourire d'amertume et de gloire, et je crus lire dans ses yeux déjà mourants, malgré les larmes qui obscurcissaient mon regard, la satisfaction du devoir accompli.

Auprès de lui étaient le général, un chirurgien, plusieurs officiers, dont le capitaine Danty, qui, rude nature, penché sur le moribond, pleurait cependant comme moi, comme beaucoup, disant de sa voix qu'il s'efforçait à rendre douce, coupée par des hoquets et des sanglots : « Ah! brave petit bonhomme! je t'avais méconnu, pardon! Combien étais-tu digne de vivre! Pourquoi en avoir tant pris d'un seul coup ? La gloire est à combattre et non pas à manger! Tu as été trop gourmand; il fallait en garder pour une autre fois!... Cher petit porte-drapeau de Valmy, puisses-tu toujours être admiré de ceux qui seront, dans les temps, dignes de garder ta mémoire. Enfant glorieux, si la douleur de la nouvelle de ta mort venait à tuer aussi ton vieux père, sois persuadé que la Gloire portera votre humble et modeste nom à la postérité. »

Le général, essuyant du revers de la main une larme silencieuse qui coulait sur sa joue, se baissa et après avoir donné l'accolade au petit soldat, s'écria : « Citoyens! Portez armes! présentez armes! » Et, désignant Léonard : « Ce valeureux et jeune soldat sera porté à l'ordre du jour, la Convention est contente de ses services! » Puis il ajouta encore : « Sois heureux, ton nom sera porté par le grand citoyen Lazare Carnot à l'Assemblée, tu seras un des premiers héros de cette belle journée, de cette première et éclatante victoire de la Révolution sur les coalisés! Endors-toi tranquille dans l'immortalité, simple et glorieux enfant de la France! »

Les tambours battirent aux champs. Un nouveau sourire vint plisser le rictus de l'enfant, ses lèvres décolorées semblèrent murmurer et confondre plusieurs noms, ses yeux se tournèrent vers l'Est, dans la direction de son hameau, et déjà ils s'obscurcissaient quand le général fit abaisser sur lui, sur celui qui ne serait bientôt plus qu'un cadavre, les plis du drapeau français.

Aidé par plusieurs des nôtres, dont le gai Dambry, qui n'avait pas été biessé, et du chirurgien qui hochait la tête, Léonard s'étant soulevé péniblement baisa l'étoffe glorieuse pour laquelle il avait fait le sacrifice de sa vie et retomba dans nos bras, inanimé, ayant rendu son âme à Dieu et donné encore son dernier soupir pour la France.

. . . .

J'ai su que, peu de temps après, Thérèse, toute frêle qu'elle était, avait suivi l'armée du Rhin en qualité de vivandière.

Je l'ai revue souvent, toujours belle, mais d'une tristesse navrante, avec toujours aux lèvres son sourire amer. Très vieille, elle soignait encore avec une sorte de culte les trois tombes du cimetière de Valmy qui entoure la vieille église. Là, elle avait fait transporter les restes de sa marraine à côté de ceux de son glorieux fiancé et de son père mort un an après la bataille.

Elle se plaisait à fleurir ces tombes rustiquement entretenues ; car, au milieu des hautes herbes et des cyprès, on pouvait distinguer le rouge *coquelicot*, symbole du sang versé et du sommeil ; l'immaculée et blanche *marguerite*, cette diseuse d'avenir qu'interrogent les vierges ; et, enfin, le doux *bluet* azuré, tendre comme les yeux de Thérèse et splendide comme le grand ciel bleu en un beau jour d'été resplendissant de soleil.

Ces simples fleurs étaient poussées là, semées par la main du *Sublime Architecte,* et semblaient dire : « Léonard, mort sous les plis des trois couleurs victorieuses, nous vivons pour toi, pour que, dans ton sommeil, tu puisses être heureux encore, en voyant, du haut de l'Olympe des braves, les passants admirer notre trinité française. »

J'ai perdu de vue la pauvre Thérèse, depuis que je suis venu à Paris pour entrer à l'Hôtel des Invalides, où je suis fier de garder, moi aussi, un tombeau, celui « *du P'tit* », qui était un grand, celui-là !... mais ne parlons plus de tout ça.

Thérèse, qui ne s'est jamais mariée, doit avoir, aujourd'hui que j'ai quatre-vingt-onze ans, elle, quatre-vingt-neuf, puisqu'elle avait seize ans quand j'en avais dix-huit.

Ah ! les Prussiens ! Vois-tu, gamin, si jamais il t'en tombe sous la main, touche-moi ça, mon p'tit bonhomme !... Car, vois-tu, bien que très vieux, ce souvenir laisse en mon cœur bien des pleurs et, tout brisé que je suis, si j'ai remis, pour te faire plaisir et peut-être rire, mes vieux habits des grands jours, c'était pour venir te dire, soixante-treize ans après, comment on se battait à Valmy, afin que tu puisses un jour, quand tu auras assez de jugement, pour écrire, faire à tous, la narration de mon récit.

. . . .

C'est ainsi que me parla, pendant deux heures l'ami de mon grand-père.

J'ai essayé de satisfaire ses derniers désirs ; mais je ne regrette qu'une chose, c'est d'avoir le cœur plus sensible que la plume savante. Pauvre plume ! Immensément inférieure au beau langage imagé de nos grand-pères, ces stoïques soldats de la République et de la Grande-Armée, qui étaient ennemis du bien-être, n'ayant d'autre amour au cœur que celui de la France et de la famille, fiers de combattre pour l'une et de se reposer au sein de l'autre.

Leur devise n'était-elle pas « vaincre ou mourir ! » ? N'est-ce pas au sein de cette fournaise qu'est né, sous le front du lieutenant Rouget-de-l'Isle, notre Hymne National, la grande et sublime *Marseillaise*, ce chant des volontaires de l'armée du Rhin et des Marseillais ?

Cet hymne réjouit les jeunes filles, fait danser les petits, électrise les jeunes hommes et ragaillardit les vieillards. Il fut fait pour retenir la victoire qu'avait organisée Lazare Carnot, sous les plis des drapeaux de la France et de la République !...

Français ! Chantons donc la *Marseillaise* !!!

Que nos chants de gloire réveillent nos grands et sublimes endormis qui luttèrent pour la Patrie et l'inviolabilité de son sol. Que notre chœur formidable rappelle Valmy à ceux qui tenteraient de nous envahir encore, troublant la paix si chère à notre République, à notre **France**, mère aimante et aimée de ses enfants.

Raconté au narrateur en 1865.
Écrit à l'ambulance de Nogent-sur-Seine (Aube),
le 24 Avril 1871.

LE RÉVEIL DE FRANCE

LE LION DE BELFORT
de A. BARTHOLDI, le grand Statuaire patriote

LE RÉVEIL DE FRANCE[1]

> *Pour M. O.* LEVECQ, *ancien Capitaine, Président général des « Vétérans des Armées de Terre et de Mer 1870-71 »,*
>
> *Pour MM.* LE SENNE, 🏵 ⚜, *ancien Député, Vice - Président, et* MARCEL HABERT, *Député, Délégué général de ladite Société Nationale de Retraites.*

Lève-toi, vétéran, écoute le tambour !
C'est le *Réveil* encor, le réveil en la plaine,
Le réveil qu'on perçoit en *Alsace*, en *Lorraine*,
Qui réjouit les cœurs dans *Metz* et dans *Strasbourg*.
Regarde au loin, là-bas ; contemple la phalange
De nos petits troupiers, dans l'horizon vermeil
Semblant de jeunes dieux sous les feux du soleil.
Le *Réveil* a sonné... C'est l'heure où l'on se venge !
. . . .

[1] Dit pendant la fête de l'installation de la section des *Vétérans* de la ville de Sceaux (Seine), le samedi 27 juillet 1897, dans la Salle des Fêtes de la Mairie, par Mlle Laure Mouret.
Ecrit en souvenir des exploits glorieux du vaillant et et vénéré Général de Division Jeanningros, G. O. ✠, Président d'honneur des *Vétérans de France et d'Algérie*.

Non ce n'est point la Paix!... Le traité de Francfort
Egorge l'*Industrie* et frappe le *Commerce*.
De l'Allemand, partout, le dur pouvoir s'exerce
Et fait qu'à l'étranger on rit de notre sort.

. . . .

Réveille-toi, ma France, ô toi, Reine du monde !...
Reprends sous le soleil ta place au premier rang.
Pour ta gloire, ô Patrie ! on répandra son sang,
Pour te voir triompher sur la terre et sur l'onde !...
Déchire le *traité* du chancelier de fer,
Tire ton glaive, ô mère ! Et pour briser la chaîne
Qui retient tes enfants, ceins ton beau front de chêne
Ah ! frappe les bourreaux de tous les maux d'enfer !...
Ramène de l'exil tes deux chères provinces,
Oui, sois victorieuse, étonne l'Univers ;
Je forgerai pour toi les meilleurs de mes vers.
Ah ! frappe... et sans pitié, tous ces valets de princes.
Qui purent t'infliger le supplice honteux
D'enrayer ton commerce..., arts, lettres et sciences !
Ah ! Console nos cœurs !... Toutes nos consciences,
En ce moment nous crient : « Levez-vous, valeureux !
Au loin le *Réveil* sonne !... Ah ! dans la blonde aurore
Ah ! faites onduler l'étendard tricolore,
Saluez la victoire en le pays heureux ! »
La plaie est trop profonde et le fer cautérise...
Partez, fiers escadrons et bataillons fougueux !...
Fraternité rassemble et le riche et le gueux
Sous les mêmes drapeaux ; l'azur se fleurdelise !...

. . . .

. . . .

Lève-toi, vétéran, songe au nouveau combat
Que veut la sainte cause. Ah ! pour la délivrance,
Ecoute, avec amour, le beau RÉVEIL DE FRANCE !
Ouvre une âme à l'espoir et redeviens soldat !...

Vois-tu la *Femme en blanc* ?... Cette femme est ta mère ;
Toujours sublime et belle, elle tient son drapeau,
Son emblême sacré. — Nul autre n'est plus beau !
A ton fils elle parle ; et, dans sa peine amère,
Elle dit : — « Sentinelle... Oh ! veille avec bonheur
« Sur ces champs fécondés par le sang de ton père.
« Sois fort, petit soldat... Ah ! que ton cœur espère
« Au retour des deux sœurs. Gardien de mon honneur,
« Aux sombres ennemis, montre ta face altière !...
« Sous le chêne a chanté, pour toi, le coq gaulois.
« De ta *mère-Patrie*, ah ! suis les saintes lois !...
« Ainsi que tes aïeux, veille sur ma frontière !...
« Sous l'arbre de la force, assise ce matin,
« Quand le coq claironnait dans le jour qui se lève,
« A ton frère, un enfant, j'ai confié mon glaive...
« Et je compte sur lui... ; j'aime son air mutin !...
« Il m'a dit :
        — « O ma France, ah ! cesse tes alarmes !...
« Ah ! cesse de pleurer tes filles en exil...
« Je ne crains point la mort, moins encor le péril...
« Et c'est avec bonheur que j'accepte tes armes.
« Je veux combattre aussi : je n'aurai qu'une loi :
« *Vaincre ou mourir*, Patrie... Oui.... oui... vaincre...
        [quand même !...
« Un vrai fils sait mourir pour la mère qu'il aime.
« Prends mon âme et mon cœur, ma pensée et ma foi !...
« Mère, pour te grandir, je serai la vaillance.
« Tu pourras être fier encor de tes enfants,
« Pour toi nous combattrons et serons triomphants ! ..
« Chante, beau coq gaulois... le cher RÉVEIL DE FRANCE !
« Que ton *cocorico* s'entende en les tombeaux
« De ceux qui sont tombés au sein de la fournaise
« En combattant pour toi, chantant la MARSEILLAISE,
« Pour l'honneur de ton sol, celui de tes Drapeaux !...
« Victoire, éclaire-nous, donne-nous ta lumière,
« Venge-nous de Sedan, Bazeilles, Champigny...
« Pour tes jeunes soldats, fais renaître un Valmy
« Afin que notre *Rhin* redevienne frontière.

« France espère... ô Patrie !... et crois en l'avenir.
« Une gloire se lève et couvre notre armée.
« Venant te saluer, ô toi, mère alarmée !
« France, réjouis-toi, tous tes maux vont finir... »

*
* *

— A toi salut, *Réveil*, à toi, RÉVEIL DE FRANCE !...
Sois béni... Vous voulons, comme autrefois *Belfort*,
Nous rire du Prussien...
     Il faut tenter l'effort
Et garder en nos cœurs une chère espérance,
Celle de voir briller au milieu des sillons
Où tombèrent *des preux* en nous criant : « *Vengeance!...* »
Nos étendards si beaux, tous nos Drapeaux de France
Victorieux encore, éclatant des rayons
Que l'astre-roi leur donne au sein de la Victoire !...

. . . .

Allons, levons-nous tous, le *Réveil* a sonné,
L'avenir est à nous, l'espoir nous est donné ;
Ecrivons une page encore à notre Histoire !

*
* *

Allons, debout, héros, formez un régiment !...
Pour montrer aux petits votre fière endurance,
Marchez le front bien haut, sans craindre la souffrance ;
Notre coq a sonné pour tous le ralliement...
Au champ, la paysanne a posé sa quenouille.
Le vaillant laboureur a rentré son bétail,
L'ouvrier a cessé tout labeur, tout travail,
Il faut que devant nous l'Allemand s'agenouille !...

Saluons nos soldats dans le lointain vermeil ;
Ils partent pour livrer une grande bataille.
Ils s'en vont affronter à nouveau la mitraille.....
Chante, fier coq gaulois !... oui, sonne le *Réveil* !...

 Paris, 14 juillet 1897 (Fête nationale).

LA PETITE PATRIE
D'UN VÉTÉRAN

SIÈGE DE BELFORT (1870-1871)

L.-R. JOSSET, Fourrier d'ordre du Colonel DENFERT

LA PETITE PATRIE
D'UN VÉTÉRAN

Pour mon cher ami le poète patriote
AMÉDÉE BURION ✪ A, *Secrétaire
général de la « Société Nationale de
Sauvetage », lauréat de l'Institut.*

Ceux qui tombent en versant leur sang pour la Patrie ne meurent pas, ils revivent glorieux dans la mémoire de tous, l'Histoire en lettres d'or grave leurs noms impérissables profondément sur les marbres de ses tablettes... Tous ces héros ne perdent la vie que pour entrer dans l'immortalité.   LÉO TESS.

Mourir pour la Patrie !
C'est le sort le plus beau,
Le plus digne d'envie !...
   M.-J. CHÉNIER (1794).

Comme un oiseau léger, que ne puis-je, en l'espace,
M'envoler... et planer sur notre genre humain.
Ah ! que je voudrais vivre en ce coin de l'Alsace
Resté Français : — BELFORT ! — ... Reprendre le chemin
Suivi par nous, jadis, lionceaux plein d'audace.

. . . .
. . . .

A ce cher souvenir, je n'ai plus de douleurs,
Un bonheur inconnu m'envahit et m'enlace.
— Je revois onduler nos chères trois couleurs !

. . . .

Où peut-on être mieux ? Qu'est-ce que la Patrie ?
L'endroit qui sut venger notre France meurtrie.
En ces lieux préférés, fécondés par le sang
Des héros glorieux tombés au premier rang,
On voit : *coquelicot, marguerite et pervenche*,
Les couleurs du Drapeau demandant la Revanche !

J'écris ces vers aujourd'hui 6 avril 1896, *vingt-six ans* après les jours terribles, au pied du *Lion de Belfort* — le gigantesque monument du célèbre statuaire patriote A. Bartholdi — pendant les belles fêtes commémoratives qu'offre la cité héroïque et vierge à ses anciens défenseurs. Hélas ! le Ministre de la guerre manque au rendez-vous..... Pourquoi ?..... Pourtant que de joie ici..... le soleil lui-même, le radieux Phœbus dans son char d'or parcourant l'immense voûte azurée, à travers l'éther nous envoie ses sourires et se laisse voir en habit de fête. Assis dans le joli jardinet *du Château*, sous la citadelle sur laquelle flotte notre Drapeau, j'écris, moi, le modeste petit soldat d'autrefois..... je salue la fleurette alsacienne qui s'offre à mon regard toute timide, ayant l'oubli des cœurs ingrats, le *bleu myosotis*, chanté par le poète regretté Hégésippe Moreau. Cette fleur est là et me dit : « Crie à la jeune génération : Souviens-toi !... Oublier... Jamais !... car *vivit sub pectore vulnus* !

LE COLOMBOPHILE

LE COLOMBOPHILE

LE COLOMBOPHILE [1]
CHANT PATRIOTIQUE

Illustration de Marcel d'Aubépine, A. ✿, C. ✠)
et Officier de plusieurs Ordres

CRÉÉ A PARIS PAR

Mme Gabrielle LAGRÈZE   M. L. DEMBREVILLE
au Concert de la Pépinière   au Concert de la Cigale

Paroles de L.-R. JOSSET (Léo TESS)   Musique de LOUIS MÈGE

A la mémoire de mon regretté Lieutenant et frère d'armes à Belfort (1870-1871) Emile Druart, ✣, Conseiller à la Cour d'appel de Besançon (Doubs), décédé le 10 novembre 1895.

Le sol sacré de la Patrie que l'on perd est une plaie profonde que rien ne cicatrise, qui saigne à travers les âges et dit à chaque génération nouvelle : « Souviens-toi !... Souviens-toi !... » Jules Verne.

[1] Société des Auteurs et Compositeurs de Musique. Tous droits d'exécution réservés. Reproduction interdite. Propriété de MM. Richard, Mège et L.-R. Josset.

I

O sœurs d'exil, il faut renaître,
Je vous envoie un messager.
A la frontière, il va paraître,
Ce *voyageur* au vol léger.
Il vient du beau pays de France,
Vous redire encore, sans détour :
— « Avec moi, la douce espérance
« Vous promet un prochain retour. »

Refrain

Oiseaux chéris de la Patrie,
Soldats des bataillons de l'air !
Volez vers la plaine meurtrie,
Partez, sachez braver l'éclair !...
Allez porter notre message.
Au sol *Alsacien-Lorrain*,
Allez rendre espoir et courage
Sur la *Moselle* et sur le *Rhin* !

II

Montez, vers la voûte éternelle,
Perdez-vous dans l'azur des cieux ;
Craignez la sombre sentinelle
Qui suivra votre vol des yeux.
Notre message est sous votre aile
Envolez-vous vers vos deux sœurs !
Portez-leur notre *ode immortelle* (1).
Qu'elle ranime leurs deux cœurs !

(1) La *Marseillaise*, chant des Volontaires de l'Armée du Rhin chanté pour la première fois par Rouget de l'Isle, son illustre auteur-soldat, chez Diétrich, maire de Strasbourg, en 1792.

III

Chère *Alsace*, ah ! lève la tête !
Dites-lui bien, prompts messagers,
Que bientôt un grand jour de fête
Eloignera tous les dangers (2).
Donnez à la bonne *Lorraine*,
Un penser de joie et d'amour ;
Assurez-lui que souveraine
La **France** espère en ce beau jour.

IV

Ah ! que leurs yeux n'aient plus de larmes !
En attendant les jours nouveaux,
La sagesse est avec nos armes.
De la Paix, portez les rameaux !
Partez, *voyageurs* et *colombes* ;
Vite, quittez notre faubourg,
Allez reposer sur les tombes
Des héros de *Metz* et *Strasbourg* !

V

Pour rendre notre France heureuse,
Lève-toi, jeune légion !...
Passe la *Moselle* et la *Meuse* !
N'ayons qu'une religion,
Celle de la sublime audace.
De nos aïeux, dignes enfants,
Ah ! délivrons : *Lorraine, Alsace* !
Que nos drapeaux soient triomphants !

(1) Le retour à la mère-Patrie, sans le fer, sans le feu, le sang versé ; le retour sans le droit du plus fort ; le retour espéré depuis plus d'un quart de siècle par ceux qui se lamentent, souffrent et pleurent sous le joug du Germain ; oui, le retour à jamais par le juste et sage arbitrage des nations civilisées, amies de la Paix.

VI

Espérez chères exilées !
France et **Russie** étant deux sœurs,
Bientôt, quitteront vos vallées
Les noirs soldats envahisseurs.
Que vos cœurs pleins de confiance
Battent de joie et qu'avec nous
Ils chantent la chère alliance
Qui doit fixer le : *Rendez-vous*.

Paris, dimanche 8 août 1897, vingt-six ans après nos premiers désastres, avant l'inutile victoire de Gravelotte... La trahison veillait. Elle se nommait Bazaine !

DISCOURS

PRONONCÉ AU CIMETIÈRE DU VALLON

PAR

M. L.-R. JOSSET (Léo Tess)

DISCOURS
PRONONCÉ
A BELFORT CIMETIÈRE DU VALLON
Le Dimanche 6 Avril 1896
PAR
M. L.-R. JOSSET (Léo Tess)

Porte-Drapeau des « Vétérans »
(Siège social)
Ex-Fourrier d'ordre du Colonel Denfert-Rochereau
Envoyé spécial du Journal « la Patrie »

Mesdames, Mesdemoiselles,
Messieurs, chers Camarades et Frères
d'Armes,

C'est toujours avec une profonde et nouvelle émotion que je me retrouve au sein de cette cité héroïque, cité témoin de nos luttes et de nos souffrances en *l'année terrible*, durant cet inoubliable siège dont les races futures, avec enthousiasme, se rappelleront et les combats et les efforts, qui, déployés sur ce sol de la terre d'Alsace, glorifièrent le nom d'un grand chef aujourd'hui disparu à nos yeux, mais dont le souvenir est toujours vivace au fond de nos cœurs de soldats et de patriotes.

C'est de Denfert-Rochereau que je veux parler.

Denfert, celui qui sut nous transmettre sa vaillance et son héroïsme ; Denfert, qui, par sa bonté toute paternelle, savait rendre douce la discipline ; Denfert enfin, qui par l'espérance qu'il jetait dans chaque cœur, parvenait à rendre possible l'endurance nécessaire en ces temps pénibles d'un rude hiver et d'un siège meurtrier qui dura cent quatre jours.

Le 1er novembre dernier, j'avais l'honneur d'accompagner ici, à cette même place, mes honorables et sympathiques président et vice-président de la Société des anciens défenseurs de Belfort 1870-1871 : MM. Bœttcher et commandant Apté, Chevalier de la Légion d'Honneur, pour déposer une couronne sur la tombe de nos vaillants et regrettés frères d'armes morts pour la Patrie. Nous venions de Paris tout comme en ce jour, émus, leur donner ainsi le témoignage sincère de la non moins sincère admiration de nos cœurs encore virils de soldats prêts à vibrer au premier appel pour la lutte prochaine.

Et, évoquant leur souvenir, je leur ai dit, à ces braves tombés, sur la pierre de leur monument ; je leur ai dit, croyant voir leurs âmes planer dans l'Olympe des héros : « Ceux qui succombent pour la Patrie, à l'ombre du Drapeau, ne meurent pas ; leurs noms restent glorieux, gravés dans la mémoire de tous, et la Gloire les porte sur ses ailes dans l'immortalité... »

Comme à cette date, Messieurs et chers frères d'armes, aujourd'hui, je viens au nom de la Société amicale et fraternelle des défenseurs de Belfort 1870-71, de Paris, dont la délégation est ici présente, saluer et honorer nos grands morts, héros modestes et obscurs ; et leur dire une fois encore, que, quoi que l'avenir nous réserve, nous voulons vaincre quand même, et quoi que l'occasion nous apporte : **oublier.. jamais !**...

Non, jamais, sur cette terre que nous avons su conserver à la France, que nous avons pu rendre inexpugnable en l'arrosant de notre sang.

Nous avons les yeux tournés vers la trouée des Vosges, notre *Lion* veille, et nous saurons répondre à son premier rugissement qui sera le *sursum corda* de nos chers frères exilés et de leurs familles éplorées.

Ah ! je le comprends que, pour nos frères d'Alsace-Lorraine, leurs cœurs conservent avec l'ardente pensée de retour la plaie profonde issue du morcellement du sol sacré de la Mère-Patrie, cette plaie qui saigne à travers les âges, et que la revanche seule est capable de cicatriser.

Mais elle viendra cette revanche, nous criant à tous, *le Souviens-toi !* comme nous le crient sans cesse, depuis un quart de siècle, ceux qui ont foi en nous et vers lesquels nos regards se portent, ceux que nous aimons, et ceux que nous reverrons avec nous par la réalisation d'une sainte et commune espérance.

Oui... et nous combattrons pour la réalisation de cette espérance commune, nous, les invaincus de Belfort.

Qu'il me soit permis, ici, devant tous, de rappeler ce que je demandais au banquet de notre Société, le 23 février dernier : que la croix de la Légion d'Honneur soit placée dans les Armes de la Cité héroïque (1) sous la pierre de *La Miotte*, ce

---

(1) Cette croix fut accordée depuis, par décision ministérielle et décret du président de la République.

symbole glorieux de la force, de la résistance et de la sécurité.

En regardant cette croix dans les Armes de Belfort, les soldats et les habitants de l'héroïque cité, qui ont versé leur sang pour les préserver de l'outrage de l'ennemi, ne pourront plus se dire *oubliés*. Elle sera la lumière, nous en aurons ses réflections — l'âme de nos morts glorieux se réjouira — et chacun de nous pourra se glorifier d'avoir, par ses efforts, su gagner ce grand signe de l'honneur qui n'appartient qu'aux braves et non à d'autres...

Dans nos pèlerinages patriotiques parisiens faits au pied du lion de Belfort de la place Denfert-Rochereau, nous avons parlé dans le même ordre d'idées, glorifiant nos morts, en attachant nos couronnes sur le socle du lion de Bartholdi, l'éminent et patriotique statuaire.

Or, le 14 juillet prochain, dans une nouvelle solennité, la Société des Défenseurs de cette vaillante cité se rendra en corps, une fois de plus, devant ce monument commémoratif pour y déposer pieusement une belle couronne en métal dans le médaillon de laquelle, en buste, grandeur naturelle, sera le portrait du chef regretté que nous aimions tous, l'immortel colonel Denfert, portrait que je suis heureux d'offrir (1).

Nous voulons ainsi prouver à ce vaillant qui sut nous commander, comme nous savions lui obéir

---

(1) Cette couronne fut déposée, mais à la suite des affaires regrettables à la colonne Vendôme et statue de Jeanne d'Arc, place des Pyramides, cette couronne fut retirée par décision du Conseil municipal de Paris et fut déposée le 10 novembre 1897, au cimetière du Vallon, à Belfort, par notre délégation parisienne.

sous les plis du drapeau tricolore, fils de la Victoire née à Valmy en 1792, que nous défendions, comme nos frères l'avaient défendu et gardé glorieux, que notre œuvre d'affection et de reconnaissance demeure impérissable.

Si Paris, comme Montbéliard et Saint-Maixent, ne possède pas la statue de l'héroïque colonel, ou, comme Belfort, sur le Quand-Même!..., son buste sculpté, on verra du moins, grâce à ses anciens soldats, sa glorieuse figure s'épanouir souriante, mâle et stoïque comme une auréole de gloire, sur le lion de Belfort parisien où tous pourront la saluer.

Je m'étends trop peut-être ? Je vous en demande pardon.

Mais, sous les nombreuses influences du souvenir, le cœur qui a senti, souffert, vibré, espéré, dans cette cité que tous aujourd'hui honorent, ne peut se tarir, et l'émotion ressentie malgré les vingt-cinq ans écoulés est toujours poignante au souvenir de tant de nobles actions passées.

Je viens donc ici, non comme défenseur de Belfort, mais au nom du journal *la Patrie* que j'ai l'honneur de représenter, — journal sachant inculquer dans tous les cœurs les sentiments du pur patriotisme, du sacrifice et de l'abnégation et élever les âmes des Vétérans, des jeunes soldats et de la génération qui se lève.

Je viens enfin, au nom de la Société Nationale des retraites, les Vétérans des Armées de terre et de mer 1870-71.

Je viens, dis-je, au nom de la collectivité et en mon nom personnel, remercier Monsieur le Maire et son Conseil pour la bonne pensée d'offrir à chaque défenseur un signe distinctif et commémoratif du siège de Belfort. Je viens aussi crier : « Vive la France, Vive la République, Vivent les Dames françaises et nos sœurs de Charité, anges des champs de bataille, gloire à nos morts, Vive l'Alsace-Lorraine et notre grande amie et alliée la Russie !...

Et toi Belfort ! Toi, qui sus résister à toutes les épreuves, apprends à ceux qui viendront demain comment ceux qui te défendirent en 1870-71 surent sous les ordres d'un grand chef, *résister et mourir*. Sois pour eux le nimbe d'une gloire future, car c'est en pensant à Toi que nos fils et nos neveux sauront vaincre dans les jours de péril au cri de : Vive la France !

Belfort, blessé pour la Patrie et toi, sur ton sol béni et non souillé, j'ai versé mon sang, celui de ma jeunesse. Vieux aujourd'hui, je te salue !

REMERCIEMENTS

Photo. Edouard Allevy
10 bis, rue de la Gaîté, Paris

LÉO TESS (L.-R. JOSSET.·.)

REMERCIEMENTS

Frères d'armes et camarades bien chers, souscripteurs dévoués, lecteurs *amis* et lectrices aimables, merci!... oui, merci.., cordialement.

Que vous m'ayez lu enfants, adolescents ou vieillards, jeunes filles, épouses, fiancées ou tendres mères, je vous sais gré de la confiance que vou-avez placée en moi en me lisant jusqu'à la fin.

L'ancien combattant de l'*Année terrible,* celui qui se présente à vous d'abord dans sa tenue de fourrier d'ordre, et qui, vingt-huit ans après, brisé par les luttes de la vie, s'offre à vous dans toute sa virilité d'homme qui sut défendre son pays menacé avant *de savoir tracer un mot*, est honoré par la lecture que vous venez de faire de son livre vécu.

Avez-vous souffert avec ses héros et pleuré avec ses héroïnes?...

Quoi qu'il en soit, que vos yeux soient demeurés secs et votre cœur stérile d'émotions, l'auteur a traversé toutes ces peines morales et physiques qu'il a essayé de décrire. Il a vu la mère au désespoir, le père stoïque, l'épouse et la fiancée implorant la mort.

" Oh! enfants, vous, anges qu'une famille adore, *souvenez-vous* qu'avant tout, vous êtes *Français*, et qu'un jour, peut-être, notre pays aura besoin de vous. Il faudra vous souvenir, respecter la chère et belle devise *des Vétérans*, celle adoptée par l'illustre général de division Jeanningros, G O. ✯ et Lambert, le héros de Bazeilles, illustré par le regretté peintre de Neuville dans son œuvre immortelle : *les Dernières Cartouches*. Oui, adoptée par *Eux* et tous leurs vaillants collaborateurs marchant sous les plis de nos drapeaux, notre devise : **Oublier... Jamais !...**, digne pendant de : **Honneur et Patrie !**

Vous, toutes jeunes filles, vous qui deviendrez des fiancées, ne pleurez point si une heure terrible, la *revanche*, vous sépare de celui que vous aimerez et qui partira pour la France.

Encouragez-le, que votre *amour* le soutienne.

Il vous reviendra... Mais rappelez-vous... que *Patrie* est mère de tous.

Et vous, vieillards, père, aïeul, *dignes Vétérans* qui avez combattu, souffert, versé votre sang et des larmes, intruisez les chérubins blonds et roses. Ah !... Pères, parlez à vos fils. Souvenez-vous que l'aigle de Germanie plane au-dessus de sa proie, de ses deux victimes, nos sœurs exilées, arrachées brutalement des bras de notre France ; souvenez-vous que notre *Lion* veille à la *Trouée des Vosges*, que nul de nous n'a le droit de dormir ou de reposer tranquille, tant que notre armée n'aura pas chassé les reîtres et refait une France intégrale, puissante et enviée, tant qu'au banquet de notre grande famille, deux places resteront vides, tant que les exilées gémiront sous le poids trop lourd de leurs fers et de leurs chaînes, que, **depuis vingt-sept années elles cherchent à briser.**

Oui, pères, dites bien à vos fils que *hier* aura fatalement un *lendemain* et que ce *lendemain* doit être victorieux.

Mères, soyez stoïques. Et qu'importe s'il succombe sur le champ de bataille, votre enfant. Il aura la gloire. L'ennemi ne viendra pas souiller notre sol et profaner votre demeure. La France vous consolera avec l'honneur et le souvenir.

Mieux vaut mourir en combattant que poitrinaire et sans histoire.

Et vous, sœurs qui aimez vos frères... alors que sous l'égide du Drapeau ils lutteront ou deviseront, tressez des fleurs en couronnes pour leur retour.

Vivants et glorieux, fêtez-les, couronnez leurs fronts... Choyons-les!... Morts, pleurez-les, honorez leur mémoire. Ils sont morts pour repousser l'invasion, pour vous protéger *vierges pures;* ils ont servi de bouclier à votre honneur. Ces chers disparus sont la France. La France est notre mère. Aimons-la comme celle qui nous a donné le lait de son sein.

Encore merci, ô sœurs, ô mères, ô épouses, ô fiancées, ô pères, ô vieillards, ô fillettes, ô anges, ô *Femmes de France*, merci de m'avoir lu, merci de m'avoir suivi du foyer au camp, du camp à la caserne, de la caserne au sein de la bataille, de la bataille à l'ambulance et de l'ambulance dans la famille où je désire vous voir heureux... houreux tous, dans une France glorieuse au sein de la prospérité.

Ainsi soit-il!...

L.-R. JOSSET (LÉO TESS),
Délégué et conférencier des *Vétérans des Armées de Terre et de Mer 1870-71*, fier de leur Drapeau qu'il porte.

TABLE DES MATIÈRES

	Pages
Couverture illustrée : l'Alsace en pleurs.........	3
Aux soldats morts pour la Patrie.....	5
Préface de J.-L. Puech..........	9
La jeune France lisant le Journal du soldat.......	23
Dédicace.........................	25
Portrait du colonel Denfert-Rochereau......... ..	27
Belfort en 1870-1871, son siège, sa défense, son historique....	31
Une sortie à Belfort les derniers jours du siège....	39
Bleu, Blanc, Rouge en 1870-1871....	44
La fiancée du soldat...................... ...	45
Colonne d'Auxelles-Bas................... ..	49
La mort du mobile.....................	67
Quand Même !...................	69
Vingt-cinq ans après..............	83
Les trois couleurs.......	89
Armes de la ville de Belfort, l'invaincue de 1870-1871..................................	91
Amour et Patrie !............................	107
Portrait du tirailleur algérien, commandant à Belfort 1870-1871..............................	109
L'enfant de troupe..........................	113
Portrait du capitaine O. Levecq........	127
L'héroïque veuve du franc-tireur alsacien........	129

	Pages
A ceux de Belfort!... Souvenir de 1870-1871	143
Portrait du capitaine Raoul Prot	147
La révolte du blessé. Le prisonnier de guerre	151
La jeune Alsace et le Drapeau des Vétérans français	191
Le bouquet tricolore de l'Alsacienne	195
Patrie	197
Le salut au Drapeau	201
Portrait de Mlle Laure Mouret	205
Le schliteur, histoire du Drapeau	210
Oublier... Jamais!	241
L'enfant de Valmy	245
Le Lion de Belfort!	265
Le réveil de France!	267
Le fourrier d'ordre du colonel Denfert-Rochereau	273
La petite Patrie d'un vétéran	275
La *Colombophile*, romance paroles et musique	281
Discours officiel prononcé à Belfort pendant les fêtes commémoratives de la levée du siège	289
Portrait de l'auteur	297
Remerciements de l'auteur à ses souscripteurs	299

ERRATUM

Le lecteur, en voyant les illustrations de ce modeste livre, lira :

1° O. LEVECQ, *Président Général de la Société des Vétérans*, alors qu'il n'est plus, depuis le 5 novembre 1898, que *Président Général Honoraire*, remplacé dans ces hautes fonctions par l'illustre soldat, le héros de Bazeilles (Ardennes) en 1870, qu'illustra, dans son tableau, le regretté peintre de Neuville, dans son œuvre immortelle : **Les Dernières Cartouches**, M. le GÉNÉRAL LAMBERT, G. O. ✻.

2° Capitaine RAOUL PROT, secrétaire général, qui, aujourd'hui, a reçu l'honorariat de cette fonction, étant élevé au poste de Directeur des Services Administratifs de la Société Nationale de Retraites : *Les Vétérans des Armées de Terre et de Mer 1870-1871.* Président d'Honneur, M. le Général de Division JEANNINGROS, G. O. ✻.

Bureaux et administration, 48, rue Laffitte, Paris.

DU MÊME AUTEUR

La Lyre brisée, un volume in-18 illustré par Emile Troncy. Aimé Cros, éditeur, Cette-Hérault, 1885.

Les Martyrs du Cœur, grand roman feuilleton du *Commercial et Maritime*, quotidien de Cette-Hérault, 1885-1886.

La Légende de la Grève, feuilleton du *Petit Agathais*, 1887.

Derrière la Toile, première édition. E. Barbré, éditeur, Paris, 12, boulevard St-Martin, 1889. (*Magasin théâtral*.)

Nouvelles, Poèmes, Romances et Chansons. Revues littéraires et poétiques de Paris et de la province.

Le Théâtre Fin de Siècle, une brochure in-16. Andrieux, éditeur, Cette (Hérault), 1892 (épuisé).

THÉATRE

Rouget de L'Isle (Comment naquit la *Marseillaise*), comédie prose et vers en deux actes et trois tableaux, représentée pour la première fois à Marseille, le 4 janvier 1887.

Les Femmes célèbres, saynètes en vers, créées par Mme Helphen-Pascal, 1890.

Vitam infernum, féerie en un acte, quatre tableaux, musique de Désiré Servel, 1891. Tournées artistiques de Mme Durmance.

Le Joli Colonel, opéra-comique en deux actes, musique de feu Adrien Baille 1892.

POUR PARAITRE

Les Damnés de l'Amour, grand roman patriotique et historique inédit, en un prologue, trois parties et un épilogue.

Le Mystère de la rue des Boulets ou Misères de Gueux, grand roman de mœurs parisiennes inédit, en un prologue, trois parties et un épilogue.

Larmes et Sourires, recueil de poésies, préface en vers, par Mme *Marie Edouard Lenoir*, causerie du poète *Alexandre Ducros*.

EN PRÉPARATION

Femme et Vierge ou un Mariage bizarre, roman de mœurs mondaines, étude matérialiste et psychologique.

AVIS DES ÉDITEURS

Le but de la collection des Auteurs célèbres et des romans est de mettre entre toutes les mains de bonnes éditions des meilleurs écrivains modernes et contemporains.

Sous un format commode et pouvant en même temps tenir une belle place dans toute bibliothèque, il paraît chaque semaine un volume.

CHAQUE OUVRAGE EST COMPLET EN UN VOLUME

OUVRAGES PARUS

1ʳᵉ SÉRIE

- N° 1. Camille Flammarion, Lumen.
- 2. Alphonse Daudet, La Belle-Nivernaise.
- 3. Émile Zola, Thérèse Raquin.
- 4. Hector Malot, Une Bonne Affaire.
- 5. André Theuriet, Le Mariage de Gérard.
- 6. L'Abbé Prévost, Manon Lescaut.
- 7. Eugène Chavette, La Belle Alliette.
- 8. G. Duval, Le Tonnelier.
- 9. H. Robert-Halt, Histoire d'un Petit Homme. (Ouvrage couronné par l'Académie).
- 10. B. de Saint-Pierre, Paul et Virginie.

2ᵉ SÉRIE

- N° 11. Catulle Mendès, Le Roman Rouge.
- 12. Alexis Bouvier, Colette.
- 13. Louis Jacolliot, Voyage aux Pays Mystérieux.
- 14. Adolphe Belot, Deux Femmes.
- 15. Jules Sandeau, Madeleine.
- 16. Longus, Daphnis et Chloé.
- 17. Théophile Gautier, Jettatura.
- 18. Jules Claretie, La Mansarde.
- 19. Louis Noir, L'Auberge Maudite.
- 20. Léopold Stapleaux, Le Château de la ...

On peut souscrire par série de 10 volumes contre l'envoi de SIX FRANCS, en mandat-poste.

LA TROISIÈME SÉRIE DE 10 VOLUMES EST SOUS PRESSE

IMP. C. MARPON ET E. FLAMMARION, RUE ...

www.ingramcontent.com/pod-product-compliance
Lightning Source LLC
Chambersburg PA
CBHW071317150426
43191CB00007B/650

www.ingramcontent.com/pod-product-compliance
Lightning Source LLC
Chambersburg PA
CBHW071346150426
43191CB00007B/870